五十默示録　第三巻

星座之巻

（全二十四帖）

昭和三十六年五

岩戸開き　ときあかし❸
日月神示の奥義【五十黙示録】第三巻「星座之巻」（全二十四帖）　目次

五十黙示録　第三巻「星座之巻」（全二十四帖）

カバーデザイン　櫻井 浩（⑥Design）
本文仮名書体　文麗仮名（キャップス）

第一帖

この巻、星座之巻。偶然と申すのは、宇宙世界、星の世界の必然からのものであって、偶然ではないぞ、天に星のあるごとく、地には塩があるのであるぞ、シホ、コオロコオロにかきならして大地を生みあげたごとく、星をコオロコオロにかきならして天を生みあげたのであるぞ。天の水、地の水、水の中の天、水の中の地、空は天のみにあるのではないぞ、地の中にもあるのぞ、天にお日さまあるごとく、地中にも火球があるぞと申してあろう、同じ名の神二つあるぞ、大切ことぢや。

〈考察〉

まず冒頭の「**この巻、星座之巻**」とは、神が命名したこの巻の名称である。五十黙示録の合計七つの巻は、すべて神によって命名されている。

●天も地も同じ創造原理によって生まれた

本帖は全体として、天と地の「創造原理」には変わりがないことを述べている。「**天に星のあるごとく、地には塩があるのであるぞ、シホ、コオロコオロにかきならして大地を生みあげたごとく、星をコオロコオロにかきならして天を生みあげたのであるぞ**」とある部分がそのことをハッキリと示している。

「シオ、コオロコオロ」とは日本神話の天地創造における一場面である。イザナギ・イザナミ両神が天の浮橋に立って、天の沼矛《ぬほこ》を海水の中に突き刺してコオロコオロと掻き混ぜた後、沼矛を引き上げると、矛の先から塩水が滴《したた》り落ち、それが積もり固まって島が出来上がったという話である。これが最初に生まれた「オノコロ島」である。

これは古事記などの日本神話における天地創造の話であるが、同様のことは「天（宇宙）」にもあると本帖は明らかにしている。つまり、天も地もその創造原理は同じであり、どちらも神によって創造されたということである。

私はこれまで天と地の創造原理が同じであることを、神文字「◉」によって説明して来た。宇宙に存在する全てのものはすべて、「中心（ゝ）」と「外側（〇）」によって構成されているという捉え方であり、それを表しているのが神文字「◉」なのである。

そのことを如実に示しているのが、「**天にお日さまあるごとく、地中にも火球があるぞ**」という一節である。この部分を馬鹿正直に解釈するなら、天に太陽があるように、地球の内部にも火球（ミニ太陽？）があるということになるが、これはまるでＳＦ小説や映画に登場する地球空洞説のような話になってしまう。

地球の内部は空洞になっていて、そこにはミニ太陽が輝き、空も海もあり、陸地には人間や動物が住んでいるというものである。私も以前そんな映画を見た記憶がある。

しかし、我々が今取り組んでいるのは「五十黙示録」だということを忘れてはならない。「黙示録」とは、神理や神仕組を高度に抽象化し、或いは象徴的に表したものであって、読めばすぐに分かるようなものではないのだ。

黙示録で有名なものとして聖書の「ヨハネの黙示録」があるが、これは読者もご存じのように難解極まりないことで知られている。あまりにも抽象的、象徴的な内容であることがその理由である。よって「五十黙示録」も同様に捉えるべきである。

そこで先の「**天にお日さまあるごとく、地中にも火球があるぞ**」の神意であるが、（繰り返しになるが）私はこれを「天と地の創造原理が同じである」ことを述べているのだと解釈している。

「天にお日さまある」とは、太陽系の中心には「〻」となる太陽があり、その周りに「〇」である惑星群や多数の小惑星などがある（そのように創造された）という意味であり、「地中にも火球がある」とは、地球も「〻」となる「核（コア）」と「〇」である「マントル、地殻」によって創造されていると捉えられるのである。「火球」とは「お日さま」に対応させた表現であると思われ、ここでは「〻（中心）」という意味で使われていると考えられる。

さらにもっと突っ込んで考えれば、宇宙に存在するモノが「中心（〻）」と「外（〇）」の構造を持つのは、宇宙創造の原初において「万有引力」という力が与えられたからだと見ることも出来るだろう。

万有引力があるからこそ中心に物質が集まって「太陽（恒星）」が形成され、さらにその周囲に同心円状或いは球状に惑星などの星々が構成されて行くのである。

このように、天地の創造原理を神文字「⦿」で表すと、「**天の水、地の水、水の中の天、水の中の地、空は天のみにあるのではないぞ、地の中にもあるのぞ**」という謎だらけの文章も、「中心（ヽ）」と「外（〇）」の関係を述べているのではないか？　との推測が出来るのである。

「天の水、地の水」とは、「中心（ヽ）」から「外（〇）」を見た場合の表現であり、「水の中の天、水の中の地」は逆に「外（〇）」から「中心（ヽ）」を見た場合の表現だと思われる。

「空」も「水」と同様「外（〇）」であるから、天にも地にもあるのである。

ここまで来れば、本帖最初の「**偶然と申すのは、宇宙世界、星の世界の必然からのものであって、偶然ではないぞ**」も自然に理解されるはずだ。

我々人間にとって「偶然」としか思われない事象は、あくまで近視眼的な人間の見方であって、すべての事象は宇宙世界（星の世界）の法則による「必然」だということである。神の意志による創造原理が働いて生まれた宇宙に偶然などあろうはずがないのである。

最後の「**同じ名の神二つあるぞ**」は、どういう意味であろうか？　これは一般的に、神には「善の御用」と「悪の御用」の両面（二面性）があると解されるが、本帖においてはこの解釈はしっくり来ない。

ここは「天地の創造」における「同じ神の名」と捉えた方がよいのではないか？　と思われる。つまり「天の創造主」たる神の名前と、「地の創造主」たる神の名前が「同じ」だと解釈するのである。ここでは具体的な神名が記されていないが、地を創られた国祖様の神名を「国《くに》之《の》常立《とこたち》」大神とすれば、天を創られた神は「天《あめ》之《の》常立《とこたち》」大神のように捉えればよいのではないだろうか（出口王仁三郎の『霊界物語』ではこのような神名になっている）。

さらに深く考えれば、「同じ名の神」とは、神文字「⦿」のことだと捉えることも出来る。つまり「同じ名の神二つある」とは、天も「⦿」、地も「⦿」であるということで、どちらも同じ創造原理によって創られたと解釈出来るということだ。「（同じ名の神二つあるぞ、）**大切なことぢゃ**」と示されていることから考えれば、こちらの方が神意に適っているのかも知れない。

第二帖

ナルの仕組《しくみ》とは鳴戸《なると》（七◎十）の経綸であるぞ、八が十になる仕組、岩戸開く仕組、今まではなかなかにわからなんだのであるが、時節が来て、岩戸が開けて来たから、見当つくであろう、富士（二二）と鳴門（七◎十）の仕組、結構致してくれよ。

〈考察〉

まず指摘しておくべきは、本帖には**「鳴戸」**と**「鳴門」**の二種類の用語が登場していることである。読みはどちらも「なると」であるが、「戸」と「門」の漢字が異なっているので意味も違うのでは？　という疑問が当然生ずるであろう。

しかしこれは、どちらも同じ意味で使われていると考えて間違いない。実際、日月神示の中には「鳴戸」と「鳴門」が混在しているのである。おそらく翻訳や編集段階で混在したものであろうと思われる。ちなみに「鳴戸」も「鳴門」も原文は「七◎十」である。

●ナルの仕組《しくみ》、鳴戸《なると》の経綸、富士と鳴門の仕組

内容に入ると、本帖には「**ナルの仕組**」、「**鳴戸の経綸**」、「**富士と鳴門の仕組**」の三つが登場している。注意すべきは、用語や表現が異なれば、異なる数だけ別の仕組があるはずだと決めつけて（思い込んで）しまうことだ。例えば「仕組」と「経綸」の違い、「ナル」と「鳴戸」の違い、（前述した）「鳴戸」と「鳴門」の違いなどに囚われると神意に至ることは出来なくなってしまう。

日月神示では、同じ仕組みや神理を多様な表現で表すことはこれまで幾らでも見て来ている。「身魂磨き」のことを「メグリ取り」と述べることもあるし、その他「改心」、「掃除」、「洗濯」、「借銭返し」、「雑巾がけ」、「はたき掛け」など多くの表現を用いていることを見ても分かるはずだ。

このことから、前述の三つの仕組（経綸）は基本的に同じ意味で使われていると考えてよい。その意味は「**八が十になる仕組**」であり、また「**岩戸開く仕組**」だと明かされている。「八が十になる仕組」とは「八（地上世界）」から「十（ミロクの世）」になる仕組ということであり、これは当然「岩戸開く仕組」と同義である。

「ナルの仕組」について付言すると、「ナルの仕組」という表現は、（私の記憶では）本帖が初出ではないかと思う。最も重要な「基本十二巻」の中にこの表現は登場していないはずである。「ナル」とは「成る」であるから、「神仕組が成就する仕組」という意味で使われていることは間違いないだろう。「神仕組が成就する」とは言うまでもなく「八が十になる」ことであり、「岩戸が開く」ことに通じるものである。

ここで読者に注意を喚起しておきたいことがある。「**ナルの仕組《しくみ》とは鳴戸《なると》（七◎十）の経綸であるぞ、八が十になる仕組、岩戸開く仕組**」とあるために、「岩戸」が開き「ミロクの世」になるための仕組を「鳴戸の仕組」と言うのだと思い込んでしまう読者がいるかも知れないが、そうではない。

「鳴戸の仕組」とは「水の仕組」のことであり、「岩戸」が開いて「ミロクの世」が来るためには、これと対をなす「富士の仕組」つまり「火の仕組」が不可欠なのである。「火」と「水」の両方の仕組によって臣民の「身魂」が磨かれ、岩戸が開かれていく仕組みなのであるから、「鳴戸の仕組」だけで岩戸が開き、「ミロクの世」になるというのは正しい捉え方ではない。

本帖の最後に「**富士（二二）と鳴門（七◎十）の仕組**」が登場しているのは、これ故である。それを「**結構致してくれよ**」とは、「火と水」による「身魂磨き」によく精進せよ、という神からの指導であり促しである。

ちなみに、神文字「⦿」において、「丶」は「火、魂」に対応し、「○」は「水、身」に対応しているから、「身魂磨き」という言葉自体に「火（丶）と水（○）」の要素が含まれていることは知っておかれるとよいだろう。

今述べたようなことは基本中の基本であって、少なくとも「基本十二巻」をよく学んだ者であれば、神仕組について誤解することはないと思うが、そうでない者にはやはりハードルが高い（むしろ高過ぎる）と言わざるを得ない。

学ぶ順序として「基本十二巻」から入らなければならないことを強調しておきたい。

本帖で残っているのは、「**今まではなかなかにわからなんだのであるが、時節が来て、岩戸が開けて来たから、見当つくであろう**」という部分である。これは奇妙な言い回しであり、まるで誰か特定の個人に教え諭しているように感じられるが、実際に私は、神が岡本天明に対して述べているのだと考えている。

つまり「天明よ、今まではよく分からなかったであろうが、時節が来てそなたの身魂磨きも（相応に）深化したので、富士と鳴門の仕組の意味も見当がつくであろう」ということだ。

ただこれが天明に対するものだとしても、神は天明を人民の「代表選手」として述べているのであり、天明の後に続く我々にも等しく当てはまることは当然である。どのような神の仕組でも、「身魂磨き」に精進しない者にはその神意が分からないということを肝に銘じなければならない。

「基本十二巻」をしっかり学ばれた読者なら、「岩戸開き」には「個人」の岩戸開きもあれば、「家や国、民族そして世界」の岩戸開きもあることはご存じだろう。反面そのことを知らない者は、「岩戸開き」と聞けば「個人」をすっ飛ばして「世界」の岩戸開きだけを考えてしまうから、本帖の「岩戸開き」もそのことを指していると解釈するに違いない。

しかし、それは大間違いである。帖文には「**時節が来て、岩戸が開けて来たから、見当つくであろう**」とあるが、本帖の降下は昭和36年5月である。この時期に、世界的な規模で「岩戸が開けて来た」と断言出来るような何らかの状況があったかを考えて見ればよいのだ。何もなかったではないか。

従ってこの帖文でいう「岩戸開き」とは、やはり岡本天明の「身魂磨きが深化」していることを述べていると解するのが妥当である。

第三帖

時、時、と申してあるが、時間ではないぞ。神々にも聞かせているのぞ。地上人には時間が考えられるなれど、神界には時間がなく、神も霊人も時間は知らないのであるぞ。ただよろこびがあるのみぞ。神界で時間と申すのは、ものの連続と変化、状態の弥栄のことであるぞ。時待てよ。時違えるでないぞ。地上人の時間と区別して考えねばこの神示《ふで》はわからんぞ。

〈考察〉

●神界の時間とはものの連続と変化、状態の弥栄のこと

本帖は「**地上人には時間がある**」が、「**神界には時間がない**」ことを述べている。ここで「時間」の概念であるが、辞書を引くと時間には色々な意味や使い方があるものの、私は次のような哲学的な捉え方が最も神意に適うと考えている。

哲学で、空間とともにあらゆる事象の最も基底的、普遍的な存在形式。また出来事が継起する形式。過去・現在・未来の三様態をもち、常に一方向に経過し、非可逆的である。

〈デジタル大辞典による「時間」の解説抜粋〉

右のように時間は、「過去・現在・未来」へと常に一方向に進むもので、あらゆる事象の最も基底的、普遍的な存在形式と捉えられる。地上世界の人間は、常に時間に支配され、時間と共に変化し、やがて死を迎える運命から逃れることは出来ない。どんなに頑張っても時間から逃れることは不可能である。

このような我々の認識に対して、本帖は「**神界には時間がなく、神も霊人も時間は知らないのであるぞ**」とある。我々の感覚では「時間がない」ということは、何も動かない完全に静止した世界、つまり写真とか動画のストップモーションの世界のように思われるが、本帖では「神界では時間がない」ことを、「**神界で時間と申すのは、ものの連続と変化、状態の弥栄のことである**」と説いている。

とは言っても、分かり難いことに変わりはない。「ものの連続と変化」があるならば、そこには時間の経過がなければならない、というのが我々人間の常識であるからだ。つまり人間にとっての時間とは「絶対的かつ客観的な変化の基準」を与えるものである。

ところが「神界の時間（に相当するもの）」とは、ただ「**よろこび**」があるのみであり、また「（ものの連続と変化、状態の）**弥栄**」であると言う。つまり神界で「ものの連続や変化、その状態」をもたらすのは、神や霊人の「よろこび、弥栄」によると述べているのである。

これはもう、地上世界の時間の概念とはまるで異なるものだ。「よろこび、弥栄」が「ものの連続や変化、その状態」をもたらすとあるが、それは神々や霊人によって千差万別であるから、「よろこび、弥栄」による「ものの連続や変化」も千差万別であることになる。

ここから見えて来るのは、神々や霊人の「（よろこび、弥栄の）**想念波動**」が神界の諸々の情景を創り出しているということである。言葉を換えれば、神界とは神々や霊人の「主観」によって情景が変わるとも言い得るのではないだろうか？

言葉ではこのように説明出来るが、我々人間にとってこれに最も近いのは、おそらく眠っている時に見る「夢」である。夢は、肉体が寝ている間に魂が一時的に霊界へと戻り、そこで経験する諸現象であると霊的には説明出来るが、夢の内容に一貫性や合理性がないことが多いのは、地上のような時間がなく主観的な想念波動によって変化する世界だからではないだろうか？

さてそうすると、神界（霊界）という所は無数の想念波動によって織り成される世界であることになるから、何でもありの無秩序な世界のように思われるかも知れないが、無論そういうことではない。

完全な秩序があるのだ。そのことは次の神示によって明らかにされている。

同気同類の霊人は、同一の状態で、同じ所に和し、弥栄し、然《しか》らざるものは、その内蔵

するものの度合に正比例して遠ざかる。同類は相寄り、相集まり、睦び栄ゆ。(中略)同一状態にある霊人が多ければ、その団体の大きく、少なければ、その集団は小さい。数百万霊人の集団もあれば、数百、数十名で一つの社会をつくる団体もある。各々の団体の中には、またとくに相似た情動の霊人の数人によって、一つの家族的小集団が自らにして出来上がっている。そしてまた、各々の集団の中心には、その集団の中にて最も神に近い霊人が座を占め、その周囲に幾重《いくえ》にも、内分の神に近い霊人の順に座を取り囲み運営されている。もしそこに、一人の場所、位置、順序の間違いがあっても、その集団は呼吸しない。而して、それは一定の戒律によって定められたものではなく、惟神《かんながら》の流れ、すなわち歓喜によって自ら定まっているのである。

(第十七巻「地震の巻」第四帖)

右の神示には「**同気同類の霊人**」とあるが、これは「よろこび、弥栄」の想念波動が同じ霊人という意味で使われていることは明らかだ。換言すれば、「霊格」と「霊的波動」が同程度の霊人ともってもよいだろう。我々にはこの方が分かり易いかもしれない。

神界における神々や霊人は、各々が主観的な想念波動で好みの世界を創り出し、そこに安穏としている訳ではないのである。霊格と霊的波動による完全な秩序が存在しているのであり、しかもそれさえも「**歓喜によって自ら定まる**」世界だと説かれている。

また「**各々の集団の中心には、その集団の中にて最も神に近い霊人が座を占め、その周囲に幾重《いくえ》にも、内分の神に近い霊人の順に座を取り囲み運営されている**」と示されているが、これを形にすれば、神文字「⦿」になることも自然に理解されるはずである。

なお「地震の巻」には「神界と時間の関係」について前述の第四帖の他にも色々な説明が降ろされているので、参考のため幾つか挙げておこう。

霊人に空間はない。それは、その内にある情動によって定まるが故である。また、その理によって一定せる方位もない。また時間もなくただ情動の変化があるのみである。

（第十七巻「地震の巻」第一帖）

地上人においては、地上的物質に制限され、物質の約束に従わねばならぬ。そこに時間を生じ、距離を生じ、これを破ることはできない。

（同巻第四帖）

霊界には、時間がない。故に、霊人は時間というものを知らない。そこには、霊的事物の連続とその弥栄があり、歓喜によって生命している。すなわち、時間はないが状態の変化はある。故に、霊人たちは時間の考えはなく、永遠の概念を持っている。この永遠とは、時間的なものは意味せず、永遠なる状態を意味するのである。

（同巻第十四帖）

なお、ここまでは便宜的に「神界には時間がない」と説明して来たが、物理学的には時間と空間は等価であるから、結局「時間も空間もない」ということになるので注意されたい。右の3例中、最初の帖文に「**霊人に空間はない**」とある通りである。

●神示の時間と地上人の時間は区別して考えよ

本帖の最後に、「**時待てよ。時違えるでないぞ。地上人の時間と区別して考えねばこの神示《ふで》はわからんぞ**」とあるのは、日月神示に降ろされた内容を地上的な時間の概念や感覚で解こうとすることの愚かさを戒めたものである。

日月神示を単なる「予言書」と捉えて、多くの者が神仕組によって何が起こるのかを西暦年に合わせて解釈しようとしているようだが、この神示に照らせば、それは無駄であるということになる。否、神示を学ぶ上ではむしろ有害と言うべきだろう。

よい例が既に見て来た第一巻「扶桑《ふそう》之巻」にあるので挙げておこう。

三年と半年、半年と三年であるぞ、その間は暗闇《くらやみ》時代、火を灯《とも》しても暗いのであるぞ、明るい人民には闇でも明るい、日は三日と半日、半日と三日、次に五年と五年ぢや、五日と五日ぢや、このこと間違えるでないぞ。

（五十黙示録第一巻「扶桑《ふそう》之巻」第六帖）

この神示には「**三年と半年、半年と三年**」、「**日は三日と半日、半日と三日**」、「**五年と五年、五日と五日**」のような期間が示されているが、これを文字通り「地上世界の時間」と解釈したのでは神意を見失ってしまうということである（詳細は当該帖の考察を参照されたい）。

第四帖

人民もの言えんことになると申してありたこと近うなったぞ、手も足も出んこと近づいたぞ、神が致すのでない、人民自身で致すことわかりてくるぞ。人民の学や智では何とも判断出来んことになるぞ。右往左往《うおうさおう》しても、世界中かけ廻っても何もならんぞ、わからんでもわかりた顔せねばならん時が来たぞ、嘘の上ぬり御苦労ぞ、人民がいよいよお手上げということに、世界が行き詰まりて神のハタラキが現われるのであるぞ、日本人びっくりぢや、日本人はいくらでも生み出されるが日本の国は出来まいがな、身体中、黄金《こがね》に光っているのが国常立大神《クニトコタチノオオカミ》の、ある活動の時の御姿ぞ、白金《しろがね》は豊雲野大神《トヨクモヌノオオカミ》であるぞ、今の科学ではわからん。一万年や三万年の人間の地上的学ではわからんこと、国常立大神のこの世の肉体の影が日本列島であるぞ、わからんことがいよいよわからんことになったであろうが、元の元の元の神の申すことよく聞き分けなされよ、神の学でなければ今度の岩戸は開けんぞ。

〈考察〉

本帖は大別して二つのテーマから成っているので、それぞれについて考察する。最初は、ほぼ前半分に当たる次の文節である。

人民もの言えんことになると申してありたこと近うなったぞ、手も足も出んこと近づいたぞ、神が致すのでない、人民自身で致すことわかりてくるぞ。人民の学や智では何とも判断出来んことになるぞ。右往左往《うおうさおう》しても、世界中かけ廻っても何もならんぞ、わからんでもわかりた顔せねばならん時が来たぞ、嘘の上ぬり御苦労ぞ、人民がいよいよお手上げということに、世界が行き詰まりて神のハタラキが現われるのであるぞ

●世界が行き詰まってから神のハタラキが発現する

右の帖文の核心は「**人民がいよいよお手上げということに、世界が行き詰まりて神のハタラキが現われるのであるぞ**」にある。要するに「神のハタラキ」は、最初ではなく〝最後〟に発現するということだが、実はこれは、「**一厘の仕組**」に通じるものである。

関連する帖を2例見てみよう。

日本の人民も、渡りて来た人民も、世持ちあらした神々様も人民も、世界の人民皆思い違うぞ、九分九分九厘と一厘とで、物事成就するのざぞよ。

（第十四巻「風の巻」第八帖）

立て直しの仕組、立派に出来ているから心配致すでないぞ、立て替え延ばしに延ばしているⓥの心わからんから、あまり延ばしては丸潰れに、悪のワナに落ちるから、艮《とど》めの一厘の蓋《ふた》開けるから、目開けておれんことになるぞ

（第二十巻「梅の巻」第九帖）

「**神のハタラキ**」や「**一厘の仕組み**」が発動するのなら、最初に発動させれば済むことではないか？　何故人間が苦しんだ後にもったいぶって発動するのか？　と文句を言いたくなる者がいるかも知れないが、そのような者は神仕組の何たるかを全く分かっていないのである。

「**人民がもの言えん**」ことになり、「**手も足も出なく**」なり、「**学や智では何とも判断出来なく**」なって、「**右往左往《うおうさおう》**」し、助けを求めて「**世界中をかけ廻っても何にもならん**」事態とは、

人民を苦しめるためのものではなく、人民がこれまで積みに積んで来た「メグリ」を清算して「身魂磨き」を深化させるためなのである。「**手も足も出んこと近づいたぞ、神が致すのでない、人民自身で致すことわかりてくるぞ**」とあるのは、正にこのことである。

人民は自分で自分の首を絞めているのであるから、そのことに気付けば「身魂磨き」が深化するための動機付けとなるが、そうでない者は「**わからんでもわかりた顔せねばならん**」事態に追い込まれ、挙句《あげく》の果ては「**嘘の上ぬり**」をする羽目になるのである。虚栄心が強く傲慢《ごうまん》な者で、社会的地位や立場が上の者ほどこのような傾向が強いであろう。

何れにしろ、人民をこのような状態に追い込むのが「悪神」の使命であり、いわゆる「悪の御用」の働きによるものなのである。「悪の御用」については、過去の拙著や講演会、セミナーなどで詳しく説明しているのでここでは繰り返さない（「悪の御用」を詳しく説明するには優に一つの「章」が必要である）。

突き放した言い方に聞こえるかも知れないが、「悪の御用」の真髄を理解することなしに「五十黙示録」の解読に挑戦するのは無謀というものである。勿論「一厘の仕組」の深奥に迫ることも不可能である。（何度も強調しているが）基本中の基本は「基本十二巻」であるから、最初にこれを学ぶべきなのである。

もう一つ付け加えておきたい。「**手も足も出んこと近づいたぞ**」とあるが、ここに「近づいた」とあるので、なにか大きな事態や出来事が「数年のうち」にも起こるのではないか？　と思う読者がいるかも知れない。

しかしこれは、前帖（第三帖）に「**時待てよ。時違えるでないぞ。地上人の時間と区別して考えねばこの神示《ふで》はわからんぞ**」とあったように、人間の時間感覚で安易に判断すべきものではないことに注意して頂きたい。神が仰る「近づいた」は、地上世界では何十年も未来のことかも知れないのである。

二つ目のテーマ（文節）に移ろう。

日本人びっくりぢゃ、日本人はいくらでも生み出されるが日本の国は出来まいがな、身体中、黄金《こがね》に光っているのが国常立大神《クニトコタチノオオカミ》の、ある活動の時の御姿ぞ、白金《しろがね》は豊雲野大神《トヨクモヌノオオカミ》であるぞ、今の科学ではわからん。一万年や三万年の人間の地上的学ではわからんこと、国常立大神のこの世の肉体の影が日本列島であるぞ、わからんことがいよいよわからんことになったであろうが、元の元の元の神の申すことよく聞き分けなされよ、神の学でなければ今度の岩戸は開けんぞ。

●日本人はいくらでも生み出されるが日本の国は唯一無二

後半の帖文の始めに、「**日本人びっくりぢゃ、日本人はいくらでも生み出されるが日本の国は出来まいがな**」あるが、ここで言う「日本人」とは日本国籍を有する者のことではなく、「霊的な出自」による日本人という意味であることに注意されたい。つまり「世の元の大神」様の直系霊統であり、魂に「ヽ」を持つ神人のことである。

このような日本人は地上世界にも多く存在するから（ただし外国人と比較すれば圧倒的に少ないが）、神の御用に使う「因縁の身魂」たる日本人は、必要に応じて「**いくらでも生み出される**」と言うのである。

とは言っても、「因縁の身魂」は日本人なら誰でもよいというものではなく、「身魂磨き」が深化して神の目に合格（或いはその可能性が高い）と映った者でなければならないのは当然である。このような者でなければ、神の御用を果たすことが出来ないからだ。

実際に日月神示によれば、「身魂磨き」に合格する数より不合格となる数の方がずっと多いと明示されているのである。次の神示群を見れば一目瞭然であろう。

臣民無くなるぞ。残る臣民、三分難しいぞ。三分と思えど二分であるぞ。

（第十一巻「松の巻」第二帖）

地つちの軸動くぞ、フニャフニャ腰がコンニャク腰となりてどうにもこうにもならんことになるぞ、その時この神示、心棒に入れてくれよ、百人に一人くらいは何とか役に立つぞ、あとはコンニャクのお化けざぞ。

（第八巻「磐戸の巻」第五帖）

⦿が臣民の心の中に宝いけておいたのに、悪に負けて汚してしもうて、それで不足申していることに気づかんか。一にも金、二にも金と申して、人が難儀しようが我《われ》さえよけらよいと申しているでないか。それはまだよいのぞ、⦿の面《めん》かぶりて口先ばかりで神様神様、てんし様てんし様と申したり、頭下げたりしているが、こんな臣民一人もいらんぞ、いざ

と言う時は尻に帆かけて逃げ出す者ばかりぞ

（第五巻「地つ巻」第十六帖）

この方の神示書く役員、神示うつす役員、神示説いてきかす役員要るぞ、役員は人の後について便所を掃除するだけの心がけないとつとまらんぞ。役員づらしたら、すぐ替え身魂使うぞ。

（第二巻「下つ巻」第九帖）

右の4例の中で、「日本人はいくらでも生み出される」に最も近い表現は4番目の神示に登場する「**役員づらしたら、すぐ替え身魂使うぞ**」であろう。何れにしろ、神の御用に使う日本人には、必ずスペアが存在しているということである。

これに対して「**日本の国は出来まいがな**」とあるのは「日本の国は、日本人のようにいくらでも生み出されるものではない」からである。つまり、日本の国は唯一無二の国であって、日本に替わる国はない、スペアとなる国はないということである。

では何故、日本の国が唯一無二の国であってスペアがないのかと言えば、それは「**国常立大神のこの世の肉体の影が日本列島であるぞ**」と示されているからである。つまり日本列島は、国祖様ご自身の地上世界における姿そのものであるということだ。

ここで「影」とあるのは、国祖様自身は神界の大神であるから「霊体」が本体であり、それが地上世界に物質として反映したものが「影」と表現されているからである。「影」だから実体のないニセモノということではないから注意されたい。

これ故に日本の国は唯一無二なのであり、日本に替わる外国は世界の何処にも存在しないのである。「日本人」と「日本の国」は、この点において決定的な違いがある。

●国祖様の「ある活動」の時の御姿は「龍神」である

次に「**身体中、黄金《こがね》に光っているのが国常立大神《クニトコタチノオオカミ》の、ある活動の時の御姿ぞ、白金《しろがね》は豊雲野大神《トヨクモヌノオオカミ》であるぞ**」という一節が唐突に登場していることに、読者は戸惑われるかも知れない。

ここでキーワードとなるのは、「**ある活動の時の御姿**」であるが、「ある活動」とは、国祖様が御妻神（豊雲野大神）と眷属神《けんぞく》である龍神らと共に、地球を修理固成《つくりかため》られたことを指している。神話的に言えば天地創造、天地剖判《ぼうはん》、天地開闢《かいびゃく》などと表現される事態のことである。

国祖様をはじめとする正神の神々が地上世界に関する重大な活動をされる時は「龍神（龍体）」の御姿をされるのが通常であるようだ。国常立大神の身体が黄金に光っているというのは、要するに国祖様は「金龍」の御姿になられ、また豊雲野大神が白金というのは「銀龍」になられたということであろう。

ただここで「ある活動」とだけ示されていることの理由は不明である。このことの詳細は、出口王仁三郎が口述した『霊界物語』に載っていることを付記しておく。

このようにして国祖様たちは地球を創造されたのであるが、その地球の霊的中心地が日本列島なのであり、霊的中心地であるからこそ「（影としての）国祖様の御身体《おからだ》」なのである。

神は日本列島の霊的真実をこのように教えている訳だが、我々人間にとっては、当然ながら、「**今の科学ではわからん。一万年や三万年の人間の地上的学ではわからん**」ということにならざるを得ないのである。「**わからんことがいよいよわからん**」ことになるから、「**元の元の元の神の申すことよく聞き分け**」て、「**神の学**」によって「**今度の岩戸**」を開けと諭《さと》しておられるのだ。

ちなみに、前述の「ある活動の時の御姿」については別の巻（帖）に降ろされているので挙げておこう。

> この⦿のまことの姿見せてやるつもりでありたが、人に見せると、びっくりして気を失うもしれんから、石に彫らせて見せておいたのに、まだ気づかんから、木の型をやったであろうがな、それが⦿のある活動の時の姿であるぞ
>
> （第二巻「下つ巻」第三帖）

この神示は、岡本天明が神命によって行った「榛名《はるな》山《さん》神業」に関連して降ろされたものである。「**この⦿のまことの姿**」と「**⦿のある活動の時の姿**」は同義であって、前述した「龍神、龍体」のことを指している。

天明たちが「龍体」をもろに見せられたのでは、それこそ「**びっくりして気を失うもしれん**」ので、「**石に彫らせたもの**」と「**木の型**」という代用品を見せた、と神は述べておられるのである。ちなみに「石に彫らせたもの」とは、榛名山の参道に沿って屹立する奇岩「九折《つづら》岩《いわ》」のことで、龍が天に昇るような形をしている。また「木の型」とは、榛名山神業の途次、

榛名湖畔で見つけた「龍の形をした流木」のことだとされている。（黒川柚月著『岡本天明伝』ヒカルランド刊より）

第五帖

悪の仕組通り、悪平等、悪公平の選挙で選び出すのざから、出るものは悪に決まっているでないか、悪もよいけれど、悪も神の用《はたら》きであるなれど、悪が表に出ること相《あい》ならん。

〈考察〉

●民主主義は世界が狂って行く負の連鎖システム

本帖の主題はズバリ「**選挙**」である。「選挙」について我々人民は、それが民主主義の根幹であると信じて疑わず、また民主主義以上の統治システムは存在しないとも信じているはずだ。しかし本帖は、人間のこのような信念を一刀のもとに斬り捨てている。「**悪平等、悪公平の選**

挙で選び出すのざから、出るものは悪に決まっているでないか」とある部分がそれだ。

そしてもう一つ、実は本帖とほとんど同じ趣旨の帖文が別に降ろされているので、それも参照しておこう。

> 多数決が悪多数決となるわけが何故にわからんのぢゃ。投票で代表を出すとほとんどが悪人か狂人であるぞ。世界が狂い、悪となり、人民も同様となっているから、その人民の多くが選べば選ぶほど、ますます混乱してくるのであるぞ。
>
> （補巻「月光の巻」第七帖）

右の神示と本帖を一読すれば誰でも分かるように、日月神示は選挙（多数決）を根本としている「民主主義」を完全否定していることが明らかだ。「民主主義」とは言うまでもなく、一部の全体主義国家や独裁国家を除き、人類がその歴史において血を流して勝ち取り、最後に行き着いた最善最良の「統治システム」であると誰もが信じている。

卑近な例だが、その証《あかし》はあの超独裁国家「北朝鮮」の正式な国名が「朝鮮民主主義人民共和国」であることからも分かる。この国のどこを探しても民主主義のかけらもないが、国名だけはちゃっかりと「民主主義」の看板を背負っているのだ。呆《あき》れる他ない。

またある国に革命や政変が起こり、新政権を立ち上げようとする時のスローガンは例外なく「民主化」或いは「民主政権樹立」である。これ以外のスローガンなどはあり得ない。ことほど左様に、「民主主義」は現在の世界における最良の統治システムだと信じられているのである。

その「民主主義（選挙、投票）」を、日月神示は何故全否定するのか？ 我々の常識から見れば、これは巨大な逆説というしかない。そして巨大な逆説の裏には、それに見合うだけの奥深い神理が秘められていることは、これまで散々見て来た。

「民主主義」は主権者たる国民の選挙によって選ばれた代表者が、議論の末に多数決によって物事を決めることで成り立つシステムであるが、日月神示はこれを「**悪平等、悪公平**」と断定し、選挙で選ばれた者は「**悪人**」や「**狂人**」であるから、結果的に「**世界が狂い、悪となる**」と断言している。

つまり神の目に映る「民主主義」とは「世界が狂い、悪となっていく負の連鎖システム」だということである。これは我々人間の認識とは正反対、完全真逆である。

一体、どちらが正しいのか？　これについては、我々が最良の統治システムと信じている民主主義が成立してからの世界の流れを大局的に見れば分かるはずである。例えば、次のような質問に自問自答して見ればよい。

〈民主主義によって――〉

・世界全体が安定し、安全・安心な社会になったか？（なりつつあるか？、以下同じ）
・富の集中や独占がなくなり、世界中から貧富が追放されたか？
・戦争や紛争、民族間の対立、テロなどは根絶されたか？
・世界中から憎しみや怨嗟がなくなり、人々の心は愛と感謝に満ちているか？

右の質問に対する答えは、残念ながら全て「ノー」であろう。世界は狂いに狂い、悪という悪に染まって行っている。やはり、日月神示の指摘が完全に正しいと言わざるを得ない。

それにしても一体、どうしてこんなことになるのだろうか？　それは、多数決も投票も選挙もその決定方法が詰まる所「数による」からである。「数」の多い方がより多くの民意を反映しているから、最も正しいやり方だとするのが民主主義の基本的な考え方である。

しかし民意を反映すると言いながら、民衆のほとんど全員が「体主霊従、我れ善し」に堕ちているのだから、選挙で選ばれる代表者は「我れ善し」の利益代表に過ぎず、それ故、彼らによって決められる法律や政策、或いはそれらの運用においても「我れ善し」が色濃く反映されたものになってしまうのは当然の帰結である。

本帖ではこれを「**悪の仕組**」とか「**悪も神の用《はたら》き**」と述べているが、要するに「悪の御用」と同じことである。「悪の御用」は、神仕組の中でも最も重要な根本的な仕組である。これが働かなければ、「身魂磨き」も「岩戸開き」も何もないし、当然「ミロクの世」が到来することもないのである。

しかし、である。その「悪の御用」の結果が誰の目にもハッキリ分かるような形で「最高のもの、正しいもの」と認識され、それに「凝《こ》り固まって」しまってはならないのである。「悪の御用」が神の仕組として働くためには、人々がそれを「反面教師」として霊的な気付きを得ることが絶対に必要なのであり、これを「身魂磨き」と言うのである。

このように「悪の御用」の使命は、人々が自らの「身魂」を磨くための動機付けになることだと言っても間違いではない。

本帖の最後に降ろされている「**悪が表に出ること**」とは、前述の通り、「悪の御用」の結果が最高のもの、正しいものと認識されて凝り固まってしまうことであろうが、勿論それは「**相**《あい》**ならん**」のである。そのような状態では「メグリ」を積むばかりであって、「身魂磨き」が進展しないからである。

第六帖

人民と申すのは生命《いのち》が短いから、気が短いから、仕組少しでも遅れると、この神は駄目ぢやと、予言が違ったではないかと申すなれど、二度とない大立て替えであるから少しくらいの遅し早しはあるぞ、それも皆人民一人でも多く助けたい神の心からぢや。遅れても文句申すが、早くなってもまた文句を申すぞ、わからんと申すものは恐ろしいものであるぞ。

〈考察〉

●人民は神仕組が遅れても早まっても文句を言う

この帖は一読して「その通りだ」と頷けるものである。しかも帖文通り、素直に解釈出来る。「五十黙示録」において、これほど分かり易い帖文は他にないほど明快な文意に満ちている。

「人民と申すのは生命《いのち》が短いから、気が短い」から、神の**「仕組少しでも遅れる」**と、**「この神は駄目ぢゃ、予言が違ったではないか」**と申し、反対に**「早くなってもまた文句を申す」**と示されている。実際にそうではないか？　その通りであろう。

私が見聞きする限りにおいては、日月神示を単なる「予言書」と捉えて、独自の判断（解釈）により怪しげな「予言年表」のようなものを作っている者さえいる。或いは「日月神示の時節を読む」のようなタイトルで、日月神示に示されている「時節」を西暦年数に置き換えて、解読しようとする者もいるようだ。

そうなのだ。日月神示の研究者を自認する者も、また単に日月神示に興味と関心を持っている者のどちらも、「日月神示」＝「予言書」と見たくて仕方がないようである。まるで、かつての「ノストラダムスの大予言」などのように、である。
そして思った通りにコトが進まないと、自分の解読や解釈が間違っていたことを棚に上げて、日月神示が間違っているとかニセモノだと言う者さえいるのだから、開いた口が塞がらない。

ここで帖文の中に「**予言が違った**」という言葉が出て来るが、これは人民の多くが日月神示を「予言」と見ているからであって、それが「外れた」ことを意味しているのである。
本来、日月神示は「予言」ではなく「預言」であり、さらに言えば「神仕組の書」である。「預言」とは「神が人間に言葉を預ける」こと、また「預けた言葉そのもの」を言い、言葉を預ける主《ぬし》は紛れもなく「神（日月神示の場合は国常立大神）」である。出所も内容もよく分からない「予言」とは全く異なるものだ。

ここで少し岡本天明の話をすると、実は天明も日月神示に対しては一貫して「予言」という用語を使っていたことを紹介しておきたい。例えば、彼が編集した会報誌の名称は『予言と霊界』となっているが、ここでいう「予言」とは、勿論、日月神示に書かれている内容を指している。実際にもこの会報誌の中身は、予言解読や解釈が満載なのである。

天明が何故、日月神示に「予言」という言葉を当てたのかは定かではないが、一つ言えるのは、天明は「予言」と「預言」という二つの言葉の意味を厳密に区別せず「予言」に一本化していたということである。

「神が降ろした言葉（預言）」の主たるテーマが「立て替えの大峠とミロクの世到来」であることから、おそらく天明は「予言」的要素を重く見たからではないかと推測される。

次に、本帖には神仕組における重要な秘密が含まれていることを指摘しておきたい。それは「（神仕組の進展に）**少しくらいの遅し早しがある**」ことの理由について、「**それも皆人民一人でも多く助けたい神の心からぢゃ**」と明言していることだ。

「人民を助ける」とは、一人でも多くの者を新世界（＝ミロクの世）に行かせてやりたいという神の親心の表れであろうが、そのためには何よりも人民が「身魂」を磨くことが絶対の条件としてある。無条件で「ミロクの世」に行ける道理など何処にもない。

従って「神の親心」とは、人民の「身魂磨き」の状態を見て、それが少しでも深化進展するように神仕組の時期を延ばしたり、逆に早めたりすることによって成されるのである（実際には「時期を延ばす」ことの方が圧倒的に多いと思うが）。
なお、他の巻にも本帖文と同様の内容を含むピースが複数降ろされているので、次に挙げておこう。

⦿には何もかも仕組みてあるから、心配ないぞ。改心出来ねば気の毒にするより方法ないなれど、待てるだけ待っているぞ。

（第十四巻「風の巻」第十二帖）

結構な血筋に生まれていながら、今の姿は何事ぞ。⦿はいつまでも待てんから、いつ気の毒出来るか知れんぞ。

（第三巻「富士の巻」第七帖）

待てるだけ待っているが、世潰すわけには行かん

（第二十巻「梅の巻」第二十四帖）

以上でお分かりのように、神仕組の進展・成就とは地上世界の人民の状態と全く無関係に、

神が計画に従って機械的に勝手に淡々とコトを進めるなどというものではないのである。ただ注意しなければならないのは、神が「待てるだけ待っている」ことの裏には、「いつまでも待てない（＝必ずタイムリミットがある）」という意味が秘められていることである。タイムリミットがなければ「いつまでも待っている」と言うはずである。

神がどんなに「一人でも多くの人民を助けたい」との親心を示したとしても、必ず最終期限があるのだから、それまでに「身魂磨き」が深化しなかった者は、残念ながら「**気の毒にするより方法がない**」ということになるしかない。冷厳ではあるが、当然の道理でもある。

ここまで来れば、日月神示が単なる「予言書」でないことが理解されるであろう。

第七帖

この世をつくった太神の神示ぞ、一分一厘違わぬことばかり、後になって気がついても、その時では遅い遅い、この神は現在もなお、太古を生み、中世を生み、現在を生み、未来

を生みつつあるのぞ、この道理わかりて下されよ、世界は進歩し、文明するのでないぞ。呼吸するのみぞ、脈搏するのみぞ、変化するのみぞ、ぐるぐる廻るのみぞ、歓喜弥栄とはこのことぞ。

〈考察〉

本帖には、二つのテーマが含まれているので、それぞれの文節に区分して考察する。最初は次の文節である。

この世をつくった太神の神示ぞ、一分一厘違わぬことばかり、後になって気がついても、その時では遅い遅い。

●日月神示はこの世をつくった太神による神示

この帖文で神は「日月神示」が如何なるモノであるかその本質を述べているが、これは我々にとっても極めて重大な情報である。それは言うまでもなく、「(日月神示は)**この世をつくった太神の神示**」だと断言されていることだ。

「この世」とは我々が住む「地上世界」のことであるから、ここでいう「太神」は「国祖様（国常立大神）」のことである。国祖様は既に述べたように、太古に地球を修理固成《つくりかため》られた大神である。

このような大神が降ろしたものが「日月神示」であるから、「**一分一厘違わぬことばかり**」であるのは当然のことなのである。要するに、日月神示に示されている「神仕組」は必ず成就するということだ。「予言」のように当たった、外れたで済むような低次元のものとは訳が違う。

であるから、近視眼の人間が自分の思いや期待通りに世界が変わらない現実に直面したならば、それはその者の日月神示解釈が間違っているということに過ぎない。人間の解釈が正しくて、日月神示の神仕組が間違っているなどということは絶対にない。

何度も言うが、日月神示は「予言書」ではない。「予言」なら必ず当たり外れがあるが、日月神示は「一分一厘違わぬ神の言葉」を降ろしているのであるから、それは「預言書」であり、もっと言えば「神仕組の書」なのである。神仕組に当たり外れなどない。

本帖の前に降ろされた第六帖では「**人民と申すのは生命《いのち》が短いから、気が短いから、仕組少しでも遅れると、この神は駄目ぢゃと、予言が違ったではないかと申す**」と示されていたが、このような思い込みに陥っている者が多いのは残念である。「**後になって気がついても、その時では遅い遅い**」のだから。

ここで日月神示が「予言書」ではなく、「預言書」或いは「神仕組の書」であることをハッキリ示している別の巻（帖）があるのでご紹介しよう。

> 世が引っ繰り返って元の神世に返るということは、◉◉様《かみがみ》にはわかっておれど、世界ところどころにそのことを知らし告げる神柱《かみはしら》あるなれど、最後のことはこの◉でないとわからんぞ。この方は天地をキレイに掃除して、天の大神様に御目にかけねば済まん御役である
>
> （第二巻「下つ巻」第二十三帖）

右の神示でまず注目すべきは、「**世が引っ繰り返って元の神世に返ることは、◉◉様《かみがみ》にはわかっておれど**」とあることだ。この世がいずれ終末を迎えてグレンと引っ繰り返り、元の神世

に返ることは色々な神々にも分かっていると述べている。
つまり、世界中の宗教に似たような「終末観」と「新世界の到来」があることの淵源がここにあることが分かる。

次に**そのことを知らして告げる神柱《かみはしら》あるなれど**」とは、紛れもなく「預言者」のことを指している。旧約聖書などには数多くの預言者が登場し、「この世の終わり」と「新しい神の世の到来」を述べ伝えていることはよく知られている。

しかしそれらの預言は、「〜であるだろう」という表現が圧倒的に多いのである。神の預言なのに何故「だろう」なのかと言えば、それらの神々はただ知っている（或いは知らされている）だけで、預言の計画・実行やその成就には直接関与しない（出来ない）からだと考えれば納得出来る。

だからこそ「**最後のことはこの⦿でないとわからんぞ**」が重要になるのだ。預言成就に最終的な責任を負うのは、「この⦿（＝国常立大神）」だと宣言しているからである。

さらに言えば「**この方は天地をキレイに掃除して、天の大神様に御目にかけねば済まん御役である**」とあるように、「この方（＝国常立大神）」が「天地をキレイに掃除する」神権を「天の大神（＝「世の元の大神」様）」から授かっていると読み取れることに注意して頂きたい。

このように「最後のこと」に全責任をもち、そのための全神権を有するのが国祖様・国常立大神であって、その神によって降ろされたのが『日月神示』なのであるから、これが「預言書」または「神仕組の書」でなくて何であろうか。

日月神示の文章表現が「〜ぞ、〜ざぞ、〜であるぞ」のように、断言・断定形である理由もこれによって理解出来るというものだ。

次に、本帖の残りの部分に移ろう。まず帖文を再掲する。

この神は現在もなお、太古を生み、中世を生み、現在を生み、未来を生みつつあるのぞ、この道理わかりて下されよ、世界は進歩し、文明するのでないぞ。呼吸するのみぞ、脈搏するのみぞ、変化するのみぞ、ぐるぐる廻るのみぞ、歓喜弥栄とはこのことぞ。

●世界はぐるぐる廻ることが本質

この帖文の文章自体は特に難解ではなくサラッと読めるが、その意味する所はあまりにも深遠である。たった三行ほどの文章に、「神の創造原理」を凝縮して書き込んでいるからだ。

我々が簡単にイメージ出来るような代物でないことは確かなことであるが、重要なポイントだけは押さえておきたい。これについては、次のように纏めることが出来るだろう。

◎神の創造行為は「創る」のではなく「生む」ことである。
◎神は常に「過去、現在、未来」を生んでいる。
◎世界は時間的に進歩するのではなく、呼吸し、脈搏し、変化し、廻るのみである。
◎これが「歓喜弥栄」であり、神の創造行為の根源である。

第三帖には「**神界には時間がなく、ただよろこびがあるのみ**」であること、また「**神界で時間と申すのは、ものの変化と連続、状態のことである**」と示されていたが、本質的には、本帖文とほとんど同じことを述べていることが分かる。

ただ我々はどうしても時間を尺度にして考えるから、「過去、現在、未来」が常に(同時に)生まれている様子をイメージすることは難しい。第三帖の考察でも述べたが、唯一、我々が眠っている時に見る「夢」がこれに近いと言えば近いかも知れない。

夢には必ずしも一貫したストーリーがある訳ではなく、場面や状況、会う人々などが脈絡なくコロコロ変化することが多い。また、いつの間にか過去の世界に行くこともあるし、外国らしき場所、或いは宇宙空間にいることさえある。

つまり夢の中では、時間と空間の制約を受けないことが何となく分かるが、神界の状況もこれに似たようなことかも知れない（勿論、神界は遥かに精緻な世界であろうが）。

私が注目するのは「(世界は) **ぐるぐる廻る**」と示されていることである。時間軸のように過去から未来へと一方向に進むのではなく、「廻る」と述べている。

平面上を廻っているだけなら、いつかは元へ戻ることになるが、「歓喜弥栄」のために廻るのであるから、単に同じ場所に戻るだけとは思われない。一廻りした時は、より一層深化した「歓喜弥栄」の状態になっているはずであるし、当然そうでなければならない。

つまり（我々に分かり易いように時間軸を入れて考えれば）「スパイラル（螺旋《らせん》）」のようなイメージで廻っていると考えられるのであって、これが「生む」ということの神意ではないだろうか？

なお、このような神(界)の創造原理については、本帖だけではなく第十七巻「地震の巻」にもまとまった記述があるので、参考のために取り上げておこう。

われわれの一切は生まれつつある。神も、宇宙も、神羅万象《しんらばんしょう》の悉《ことごと》くが、常に生まれつつある。太陽は太陽として、太陰は太陰として、絶えず生まれ続けている。一定不変の神もなければ、宇宙もない。常に弥栄えつつ、限りなく生まれに生まれゆく。過去もなければ、現在もなく、未来もない。ただ存在するものが生まれに生まれつつある。

(第十七巻「地震の巻」第一帖)

宇宙は、神の中に生み出され、神と共に生長し、さらに常に神と共に永遠に生まれつつある。その用《はたらき》は愛と現われ、真と見ゆるも、愛というものはなく、また真なるものも存在しない。ただ大歓喜のみが脈打ち、呼吸し、生長し、存在に存在しつつ弥栄するのである。

(同巻同帖)

大神は常に流れ行きて、一定不変ではない。千変万化、常に弥栄する姿であり、大歓喜である。完成より大完成へ向かい進む大歓喜の呼吸である。されど、地上人においては、地上的物質に制限され、物質の約束に従わねばならぬ。そこに時間を生じ、距離を生じ、これを破ることはできない。

（同巻第四帖）

霊界には、時間がない。故に、霊人は時間ということを知らない。そこには、霊的事物の連続とその弥栄があり、歓喜によって生命している。すなわち、時間はないが状態の変化はある。故に、霊人たちには時間の考えはなく、永遠の概念を持っている。この永遠とは、時間的なものは意味せず、永遠なる状態を意味するのである。

（同巻第十四帖）

右に4例の帖文を挙げたが、いずれも基本的には同様のことを述べていることが分かる。イメージすることは難しいが、まずは概念として理解しておくことが大事である。

一点注目すべきは、3例目の後半に「**されど、地上人においては、地上的物質に制限され、物質の約束に従わねばならぬ。そこに時間を生じ、距離を生じ、これを破ることはできない**」と明確に示されていることである。

地上世界に「時間」と「距離（空間）」があるのは「地上的物質に制限」されていて、「物質の法則」に従わなければならないからだというのだ。実に明快である。これを逆に言えば、「物質は時間と空間がなければ存在出来ない」ということでもあるだろう。

先に時間と空間がないイメージは、寝ている時に見る「夢」のようなものではないか？ と書いたが、確かに夢の中では物質的な制約や法則を受けないから、的外れの考察ではないかも知れない。

第八帖

人民一度死んで下されよ、死なねば甦られん時となったのぞ、今までの衣を脱いで下されと申してあろう、世が変わると申してあろう、地上界のすべてが変わるのぞ、人民のみこのままと言うわけには参らぬ、死んで生きて下されよ。立て替え、立て直し、過去と未来と同時に来て、同じところでひとまず交じり合うのであるから、人民にはガテンゆかん、新しき世となる終わりのギリギリの仕上げの様相であるぞ。

〈考察〉

本帖は「立て替え」と「立て直し」について述べたものである。テーマが二つあるので、それぞれの文節に分けて考察する。まずは前半部分である。

人民一度死んで下されよ、死なねば甦られん時となったのぞ、今までの衣を脱いで下されと申してあろう、世が変わると申してあろう、地上界のすべてが変わるのぞ、人民のみこのままと言うわけには参らぬ、死んで生きて下されよ。

●地上のすべてが変わる、人民は死なねば甦《よみがえ》られない

本帖の冒頭にある「**人民一度死んで下されよ**」を文字通りに捉えれば、「立て替えの大峠」の第二段階において「地球規模の超天変地異」が襲来し、すべての人類が一旦「肉体死」を迎えることだと解釈される。「**死なねば甦られん**」とか「**今までの衣を脱いで下され**」とあることとは、これまでの物質としての肉体を脱する（＝死ぬ）という意味において、ピタリと整合す

るからである。

また「**世が変わる**」、「**地上界のすべてが変わる**」ということは、文字通り新世界（＝ミロクの世）への移行を意味しているから、これも完璧に整合する。

「地上界のすべてが変わる」のに、人間だけが変わらなくてもよいという道理はないから、「**人民のみこのままで（よい）というわけには参らぬ**」とあるのは当然である。それ故に「**死んで生きて下されよ**」と神は仰っているのである。

ここでは「立て替えの大峠」について述べているから、大事なポイントを復習しておきたい。このため「立て替えの大峠」に関する総論ともいうべき神示を次に挙げる。少し長文だがよく読んで頂きたい。

富士を目ざして攻め寄する、大船小船、天《あめ》の船、赤鬼青鬼黒鬼や、大蛇《おろち》、悪狐《あくこ》を先陣に、寄せ来る敵は空蔽《おお》い、海を埋《うず》めてたちまちに、天日《てんじつ》暗くなりにけり、折りしもあれや日の国に、一つの光現われぬ、これこそ救いの大神と、救い求むる人々の、目に映れるは何事ぞ、攻め来る敵の大将の、大き光と呼応して、一度にどっと雨降らす、火の雨なんぞたまるべき、まことの⦿はなきものか、これはたまらぬともかくも、生命《いのち》あっての物種《ものだね》と、兜を脱がんとするものの、次から次にあらわれぬ、折りしもあれや時ならぬ、大風起こり雨来たり、大海原には竜巻や、やがて火の雨地震《つちふる》い、山は火を吹きどよめきて、さしもの敵も悉《ことごと》く、この世の外《ほか》にと失《う》せにけり、風やみ雨も収まりて、山川鎮まり国土《くにつち》の、ところどころに白衣《しろぎぬ》の、⦿の息吹に甦る、御民《みたみ》の顔の白き色、岩戸ひらけぬしみじみと、大空仰ぎ⦿を拝み、地に跪《ひざまず》き御民らの、目にすがすがし富士の山、富士は晴れたり日本晴れ、富士は晴れたり岩戸あけたり。

（第三巻「富士の巻」第二十四帖）

右の神示によれば「立て替えの大峠」には、次のような「三つの段階」があることが明らかである。

第一段階 ―「日本壊滅の危機」

日本が世界中から攻められる。日本を裏切る者も出て壊滅寸前まで追い詰められる。

第二段階 ―「超天変地異の襲来」

暴風雨、竜巻、地震、火山爆発などの天変地異が生起し、敵は全て一掃される。

第三段階 ―「神人の誕生」

神の息吹によって神人が甦《よみがえ》る。新しい地に跪《ひざまず》き日本晴れの富士を仰ぎ見る。

本帖（第八帖）で「人民一度死んで下されよ」とあるのは、第二段階の「超天変地異の襲来」に対応し、また「死んで生きて下されよ」は第三段階の「神人の誕生」に対応している。

なお右の帖文には「全ての人類」が死滅するとまでは書かれていないが、これについては別の帖に明示されているので、これも挙げておこう。

> 一時は天も地も一つにまぜまぜにするのざから、人一人も生きてはおられんのざぞ、それが済んでから、身魂磨けた臣民ばかり、⦿が拾い上げてミロクの世の臣民とするのぞ、どこへ逃げても逃げ所ないと申してあろがな
>
> （第二巻「富士の巻」第十九帖）

この神示にはハッキリと「**一時は天も地もまぜまぜにする**」と示され、それによって「**人一人も生きてはおられんのざぞ**」とあることから、これは明らかに「立て替えの大峠」の第二段階「超天変地異の襲来」について述べていることが分かる。つまりこれは「全ての人類が一旦

死に絶える」ということであって、選ばれた者だけが（今の肉体を保持したまま）生き残るなどということではない。

また「**それが済んでから、身魂磨けた臣民ばかり、⦿が拾い上げてミロクの世の臣民とする**」とあるのは、第三段階「神人の誕生」そのものである。

さらに深読みをすれば、ここには重要なポイントが二つ含まれていることが分かる。

一つ目は「**ミロクの世の臣民**」は「**⦿が拾い上げる**」ということだ。これはつまり、人間の希望とか願望は何の関係もないということであって、ハッキリ言えば「神が一方的に選ぶ」ということである。

随分乱暴な話だと思うかも知れないが、そうではない。極めてまともで、筋の通った話なのである。何故なら神が一方的に選ぶと言っても、そこには明確な「選ぶための基準」があるからである。

このように申せばお分かりのように、その基準とは「**身魂が磨けた臣民**」のことに他ならない。これが二つ目の重要ポイントである。

このことの意味は、「身魂磨き」によって「体主霊従」から「霊主体従」へと深化した臣民だけを選ぶということであり、逆に言えば、これが「ミロクの世」に行くための必須要件だと教えているのである。

私は読者がウンザリするほど「身魂磨き（やメグリ取り）」の重要性を強調しているが、その理由はこういうことなのである。いくら強調しても、し過ぎることはない。

では本帖（第八帖）に戻って、次の文節に入る。

立て替え、立て直し、過去と未来と同時に来て、同じところでひとまず交じり合うのであるから、人民にはガテンゆかん、新しき世となる終わりのギリギリの仕上げの様相であるぞ。

●過去と未来が同時に来て同じところで交じり合う

後半の帖文には、「**立て替え、立て直し、過去と未来と同時に来て、同じところでひとまず交じり合う**」という一節がある。少々難解であるが、解読に挑戦してみよう。

手掛かりは「同じところでひとまず交じり合う」にあるようだ。何が交じり合うのと言えば、直前に「過去と未来と同時に来て」とあるから、「過去と未来が同時に同じところで交じり合う」ということになる。

つまりこれは「今、現在」のことを述べているのである。何故なら、過去の積み重ねが現在であり、未来は現在の延長線上にあるから、過去と未来が同時に同じところで交じり合うのは「今、現在」しかないからである。

次に「立て替え」と「立て直し」を時間軸で捉えれば、「立て替え」が必ず先行し、それによって「立て直し」が生まれるから、「立て替え」は「過去」であり、「立て直し」は「未来」という関係になる。するとここから、「立て替え」と「立て直し」も同時に同じところで交じり合う、つまり「今、現在」の時点で交じり合うという解釈が出来ることになる。

ちなみに「立て替え」とはこれまでの「体主霊従」が壊れることであり、「立て直し」はそれによって「霊的な覚醒」に至ることである。思いっ切り単純化すれば、「破壊」と「覚醒（創造）」とも言い得る。

なにやら抽象的な話になったが、このことの肝は、「立て替え」と「立て直し」が別々に独立して起こるのではなく、両者は「裏表」の関係であるということだ。「裏」が立て替えられれば「表」が立て直される、という因果関係のことだと言ってもよい。

前述した「立て替えの大峠」の三段階の説明を再確認して頂きたいのだが、ここには「立て替え」という言葉はあるが「立て直し」という言葉はない。それなのに第三段階では「神人の誕生」となっている。「神人の誕生」は「立て替え」ではなく「立て直し」ではないか？ と誰しも思うことだろう。

確かにそうなのである。しかしそれならば、「神人の誕生」が何故「立て替え」の中に入っているのだろうか？ ここが核心である。

その答えは前述した通り、「立て替え」と「立て直し」は「裏表」の関係だからである。「立て替え」の第一段階は「日本壊滅の危機」であった。具体的には、大東亜戦争の敗戦後、日本は連合国による占領政策と悪名高き「東京裁判史観」によって、日本人が本来有している高潔な霊性・精神性を骨抜きにされてしまったことである。

これが「悪の御用」であるが、逆にこれが「反面教師」となって、やがて日本人の「身魂磨き」が促進され、霊的覚醒に至ることが神仕組の真髄なのである。正しく「裏表」の因果関係である。

なお「立て替え」と「立て直し」の関係については、別の巻（帖）にも降ろされているので挙げておこう。

タテコワシ、タテナホシ、一度になるぞ

（第九巻「キの巻」第八帖）

短い一節であるが、言わんとしていることは同じである。「タテコワシ」とは「立て替え」と同義であるが、「コワシ」は「壊し、破壊」のことであるから、「悪の御用」によって「体主霊従」に堕ちた日本人の「自我」を壊す、という意味合いで使われているのであろう。

以上のように述べて来たが「**人民にはガテンゆかん**」と示されているように、人々がこの神仕組を理解することは極めて困難なことのようである。

最後に「**新しき世となる終わりのギリギリの仕上げの様相であるぞ**」とあるのは、「立て替えの大峠」の第二段階において、全人類が一旦「肉体死」を迎えることを指していると思われる。正しく「終わりのギリギリの仕上げの様相」そのものではないか。

第九帖

白と黒とを交ぜ合わせると灰色となる常識はもう役に立たんぞ。白黒交ぜると鉛となり鉄となり銅となるぞ、さらに銀となり黄金となるぞ、これがミロクの世のあり方ぞ、五と五では動きとれん。そなたの足もとに、来るべき世界はすでに芽生えているでないか。

〈考察〉

●白と黒を交ぜれば鉛、鉄、銅、銀、黄金になる

本帖は僅か三行ほどの短い神示であるが、極めて抽象的な内容である。前半では「**白と黒**」を交ぜて生ずる「色」によって何かを伝えようとしているが、一体それは何だろうか？「白と黒」が名前の通り「色」のことであるならば、両者を交ぜれば「**灰色**」になることは自明であって、これが我々の常識である。

しかしそれが「**もう役に立たん**」のが「**ミロクの世のあり方**」であって、「ミロクの世」では「白」と「黒」を交ぜると「**鉛、鉄、銅**」、さらには「**銀、黄金**」になる、というのである。よって「白」と「黒」は単なる色ではなく、何かを暗示していると考えなければならない。

「鉛、鉄、銅、銀、黄金」は一見すると全てが金属であるが、勿論、「白」と「黒」を交ぜることによって色々な金属が出来る（生まれる）などという皮相的な意味ではない。色々と考えた末、私に訪れた直観によれば、おそらくこれは「霊格」の段階を表していると思われる。

つまり、「鉛→鉄→銅→銀→黄金」の順に霊格が高くなると考えられるのだ。勿論これは、単に「五段階の霊格」という意味ではなく、様々な霊格があることの比喩として用いられているはずだ。

では「白」と「黒」が交ざることによって様々な「霊格」が生まれるのが「ミロクの世のあり方」であるなら、「白」と「黒」は具体的に何のことだろうか？

実は、これには大きなヒントがある。それは「白」と「黒」がお互いに正反対の色であるということだ。だからこのような「正反対の関係」を持ち、それでいてこれらが交ぜ合わされると様々な「霊格」が生まれる「二つのもの」を考えればよいことになる。

ここまで明らかになれば、「白と黒」で表される「二つのもの」が「善」と「悪」であることは容易にお分かりになるであろう。実際に日本の犯罪捜査においても「白」は無実（＝善）、「黒」は犯人や容疑者（＝悪）の意味で使われているのは面白い一致である。

日月神示の神仕組において、人間にとって最も重要なものは「身魂磨き」であるが、「身魂磨き」の究極の目標は「**善も悪も共に抱き参らせる**」ことに他ならない。「善」と「悪」はお互いに正反対の性質や働きを持っているが、この二つが交ざる（つまり抱き参らせる）ことによって、本来の「霊主体従」に元返りすることが出来るのである。

要するに「白（善）」と「黒（悪）」を抱き参らせることによって「霊的な覚醒」へ至る訳であるが、これによって顕現する「霊格」は多種多様であって同一レベルではない。つまりこのことを「白黒交ぜると鉛、鉄、銅、銀、黄金になる」と表現したと考えられるのである。

なお、ここでは「白と黒」を「善と悪」と置いたが、もっと広く捉えるならば、「男性原理と女性原理」、「陽と陰」、「真我と自我」などを当てはめても同じ意味になる。

そしてさらにこれを突き詰めれば、結局、「丶」と「〇」に行き着くことが分かるのである。何故なら、両者が結ばれれば「⊙(=霊主体従の神人)」になることが自明であるからだ。これこそ正に「ミロクの世のあり方」そのものではないか。

以上の関係を纏めれば次のようになる。

・白→善、男性原理、陽、真我→「丶」
・黒→悪、女性原理、陰、自我→「〇」

●五と五では動きがとれない

前節で述べたように解釈すれば、本帖後半の「**五と五では動きとれん**」の意味も明らかになる。つまり「白」と「黒」の力が均衡してバランスがとれた状態では、動きが生じないのは当然のことであるからだ。そしてこのことの裏には、動きを作り出すためには一旦バランスを崩す必要があるということが秘められている。

身近な例で言えば、誰でも自分の「真我（ヽ）」と「自我（〇）」のバランスが崩れた時、どのような状態になるかを考えれば分かることだ。「真我（ヽ）」が「自我（〇）」に勝っている時は、「霊主体従」になり、逆に「自我（〇）」が「真我（ヽ）」に優越していれば「体主霊従」になる。

また既に見て来た第二巻「碧玉之巻《あおたま》」第十五帖には「**五六七のミロクの代から六六六のミロクの世となるぞ。六六六がマコトのミロクの世であるなれど、六六六は動きがないぞ**」と示されているが、これも同じ意味である。

「六六六」で表される「ミロクの世」が弥栄進展するためには、一旦バランスを崩して「五六七」とし、これによって新たな力が生まれて変化が生ずるというのが神仕組の根本であるからだ。この変化は「五六七→666→六六六」のように表されているが、「五六七」を「ミロク」と読ませて「ミロクの仕組」を意味することの根本的理由がここにある。

さらに言えば、「バランスを崩す」ことを極限まで突き詰めたのが「最初の岩戸閉め」であるので、復習を兼ねてこのことにも触れておこう。「五と五では動きとれん」とあるが、動きのとれない「五」と「五」を分けて（分離して）しまったのが、他ならぬ「最初の岩戸閉め」であったことを思い出して頂きたい。

詳しくは第二巻「碧玉之巻」第十帖で述べているのでそちらをご覧頂きたいが、要するに「最初の岩戸閉め」とは「イザナギ神」と「イザナミ神」の離別であって、これは「男性原理（イザナギ→ゝ）」と「女性原理（イザナミ→◯）」の分離を象徴しているのである。

お分かりのように、これはもう「バランスを崩す」などというレベルの話ではない。崩されただけなら直ぐにも戻しようがあるだろうが、「五と五を強制的に分離」してしまったのであるから、これが再び結ばれない限りバランスが戻ることは絶対にないのである。

この状態になったのが「最初の岩戸閉め」であり、これが発端となって「因果関係で結ばれる一連の流れ」が発生し、「岩戸閉め」という「動き」が全部で五度も起こったのである。この結果、日本には神の光が一切射し込まなくなってしまったのであるが、これが「岩戸閉め」という「動き」の行き着いた姿である。

勿論、この状態が永久に続くということではない。そこには「世の元の大神」様の巨大な御神策が働いているのであり、いずれ必ず「岩戸開き」の時節が到来することは折り込み済みなのである。

その時節が至って、我々が今まさに「岩戸開き」の最中にいるのはご承知の通りである。

●本帖の「そなた」は天明のことか？

本帖最後の「**そなたの足もとに、来るべき世界はすでに芽生えているでないか**」の中では、「そなた」が誰のことなのか大いに興味を引かれるところだ。神が（日月神示を読んでいる）不特定多数の者を単純化して「そなた」と呼び掛けることはあり得るが、もう一つの解釈としては、「そなた」が岡本天明を指している可能性もある。

天明の後半生から最晩年に至る歩みは、傍目《はため》には不幸を絵に描いたような人生模様であったが、その中にあっても天明は血を吐く思いで自らの「身魂磨き」に精進したことが見て取れるのである。

その証《あかし》が補巻「月光の巻」であることは、拙著『秘義編［日月神示］神仕組のすべて』（ヒカルランド）の中で詳しく解説している。その天明が亡くなったのは昭和38年4月であり、また「星座之巻」が降ろされたのが昭和36年5月であるから、この間は2年にも満たないのである。

神の目にはもうすぐ肉体生命が尽きる天明の姿が明らかであっただろうし、「因縁の身魂」として神の御用に奉仕して来た天明を労《ねぎら》う意味をこめて「そなた」と呼び掛けたのではないか？　と私は捉えたい。これは解釈と言うより、むしろ私の願望と言ってもよい。

神は「天明よ、そなたの人生は苦労と困難の連続であったが、身魂磨きの甲斐あってミロクの世への道を歩んでいるぞ、ここまでよく頑張ってくれた」という意味を込めて「そなたの足もとに……」と呼び掛けているのではないだろうか？

誤解のないように補足すると、神が天明に対して（勿論、他の誰に対しても）「そなたの身魂磨きはもう十分である」などと仰ることは絶対にないので、このことを肝に銘じて頂きたい。「身魂磨き」は、その者が最後の息を引き取るまで続くのが鉄則だからである。

その意味で「そなたの足もとに、来るべき世界はすでに芽生えているでないか」とあるのは、あくまで「芽生え」であって、天明の「身魂磨き」がもう十分だと認めているのではない。言葉を換えれば「今のまま進めばよい」という指針を与えていると理解すべきものである。

第十帖

世の元は〇であるぞ、世の末も〇であるぞ、〇から〇に弥栄するが、その動きは左廻りと右廻りであるぞ、ᑕとᑐと申してあろう、その中心に動かぬ動きあるぞ、何もかも、人民まで変わるのが今度の大立て替え、食物も、衣類も住居も皆変わるぞと申している時が来ているのぞ、いつまでもチョンマゲを頭に乗せているのか、ケンビキ今一度痛くなるぞ、そのケンビキ今度は東の方ぢゃ。

〈考察〉

本帖も一見して難解である。というより訳が分からないと言う読者が多いかも知れない。確かにあまりにも抽象的かつ観念論的な帖文であるから、少なくとも日月神示に降ろされた神仕組の全体像を理解していない者には手も足も出ないだろう。

本帖には二つのテーマがあるので、例によってその区分(文節)ごとに考察して行こう。

最初は次の文節である。

世の元は○であるぞ、世の末も○であるぞ、○から○に弥栄するが、その動きは左廻りと右廻りであるぞ、〔と〕と申してあろう、その中心に動かぬ動きあるぞ

●左廻りと右廻り、その中心に動かぬ動きがある

まず冒頭の「**世の元は○であるぞ、世の末も○であるぞ**」であるが、これは「○」が何を意味しているかが分からなければ解読出来ないものである。この場合の「○」は「**レイ→霊→霊的根源、つまり世の元の大神様**」のように捉えられる。つまり「世の元は霊であり、世の末も霊である」と述べているのであって、世界の本質は「霊的根源の世界」に存在すると言っても同じことであるし、或いは「世の元の大神様の御手《みて》」の中にあるとも言えよう。

「**○から○に弥栄する**」とは「霊から霊に弥栄する」ということで、要するに「世の元の大神」様が創造された世界が「完成から超完成へ、さらに超々完成、超々々完成……」へと弥栄進展することを意味しているのである。

私がこのように断定的に述べるのは、「五十黙示録」の他の巻にも、同様の記述があることが大きな根拠となっている。既に取り上げたものだが、極めて大事なものなので再掲しておこう。2例ある。

一を二つ集めても二にはならんぞ、人民大変な取り違いを致して居るぞと申してあろうがな、〇《レイ》がもとぢや、◎一《レイ》がもとぢや、結びぢや弥栄ぢや、よく心得なされよ。
（第一巻「扶桑《ふそう》之巻」第二帖）

岩戸が開けたのであるから教えではならん、道でなくてはならんと申してあるぞ、道は永遠ぢや、〇から出て〇に至るのぢや。
（第二巻「碧玉《あおたま》之巻」第七帖）

右の神示2例の解説は当該帖を参照して頂きたいが、基本的スタンスは本帖と全く同じであることが分かるはずだ。

次に「(〇から〇に弥栄するが、)その動きは左廻りと右廻りであるぞ、(と)と申してあろう、その中心に動かぬ動きあるぞ」について考察する。これは「左」と「右」が何を意味しているかを考えれば、解釈が可能である。

読者もお分かりのように、「左」は「陽、男性原理」を、「右」は「陰、女性原理」を意味している。またこれが動く(つまり神仕組となって働く)ことを「左廻り(=陽の働き)」、「右廻り(=陰の働き)」と表現しているのであるが、これについては日本神話の中の「国生み」で象徴的に描かれているので簡単に触れておこう。

それは「イザナギ神」と「イザナミ神」が結婚して「国生み」をする時、男神であるイザナギが天の御柱を「左から廻り」、女神であるイザナミが「右から廻った」ことである。どちらから廻ろうと関係ないように思うかも知れないが、そうではない。イザナギは「陽、男性原理」の象徴であるから「左」から廻るのが道理であり、イザナミは「陰、女性原理」の象徴であるから、「右」から廻らなければならないのである。

「(と)と申してあろう」とは、この「陽」と「陰」を円の左半分と右半分によって表しているのだが、大事なことは「その中心に動かぬ動きがある」と明言されていることだ。確かに円は「中心」がなければ絶対に円にはならないが、では中心にある「動かぬ動き」とは何であろうか？

それは「左（陽）」と「右（陰）」を生じさせる「根源の存在」と言うべきものである。分かり易い例を述べれば、これも日本神話に登場する「造化三神」がピタリと適合する。「造化三神」とは、日本神話の最初に登場する「アメノミナカヌシ」、「タカミムスビ」、「カミムスビ」の三神のことであり、宇宙を生成化育する根源神のことである。

これら三神がどのようにして宇宙を創造したのかと言えば、それは一番初めに登場した「アメノミナカヌシ」が「陽」の神力と「陰」の神力を発動させて創造したということである。具体的には「陽」の働きをするのが「タカミムズビ」であり、「陰」の働きをするのが「カミムスビ」であって、「アメノミナカヌシ」自身は「中心」にあって「動かぬ動き」をしていたということになる。

ちなみに「アメノミナカヌシ」に漢字を当てれば「天之御中主」であるから、文字通り「天の中心に存在する主《ぬし》」であることが分かる。

ついでに述べておくと、この宇宙創造原理の二大要素である「陽（男性原理）」と「陰（女性原理）」を強制的に分離してしまったのが「最初の岩戸閉め」である。

このように本帖文と日本神話の記述は見事に一致していることがお分かりだろう。

では二つ目に移ろう。

何もかも、人民まで変わるのが今度の大立て替え、食物も、衣類も住居も皆変わるぞと申している時が来ているのぞ、いつまでもチョンマゲを頭に乗せているのか、ケンビキ今一度痛くなるぞ、そのケンビキ今度は東の方ぢゃ。

●痛いケンビキは東の方にある

本帖後半の「**何もかも、人民まで変わるのが今度の大立て替え、食物も、衣類も住居も皆変わるぞと申している時が来ているのぞ**」とある部分は、来るべき「新世界（＝ミロクの世）」の状況を端的に表現したものである。

ひと言で言えば「何もかも全てが変わる」のであるが、その根本理由は「ミロクの世」が「**半霊半物質**」の世界であるからだ。今の地上世界とは根本的に異なる世界なのである（このことの詳細は、第七巻「五葉《ごよう》之巻」に降ろされているので、その時に考察する）。

問題は「（そのような時が）**来ているのぞ**」とあることから、ここだけ読むと、既に「ミロクの世」になっていると勘違いする者が必ず出て来るということだ。しかし本帖が降ろされたのは昭和36年5月であって、この時点で「ミロクの世」になったなどという事実は全くないのである。

この謎（というより矛盾）を解くカギは、「（そのような時が）来ている」のはこの地上世界ではなく、「あの世」においてである、と捉えることである。地上世界に起こる神仕組上の出来事は「神界→幽（霊）界」を経て地上界に移されるが、この帖文が述べていることが神界または幽界における出来事であれば、それはまだ地上界で起こっていない（移写していない）ことは矛盾なく説明出来る。

このように述べると、如何にも辻褄《つじつま》合わせの屁理屈のように聞こえるかも知れないので、その根拠となる神示を示しておこう。

岩戸開きのはじめの幕開《あ》いたばかりぞ。今度は水逆さに戻るのざから、人民の力ばかりでは成就せんぞ。奥の神界では済みているが、中の神界では今最中ぞ。時待てと申してあろうが。人民大変な取り違いしているぞ。次の世の型急ぐ急ぐ。

（第十二巻「夜明けの巻」第十一帖）

右の神示が降ろされたのは昭和20年8月6日、広島に原爆が投下された時であり、私は「**岩戸開きのはじめの幕が開《あ》いた**」のはこの「原爆投下」によってであると解釈している。このことは拙著や講演、セミナーなどで何度も説明して来た。何とも凄まじい逆説ではあるが、日月神示の神仕組が（人間にとって）巨大な逆説に見えることはこれまでにも多数取り上げて来た。

それはともかく、この帖文では日本の岩戸開きの「**はじめの幕**」が開《あ》いたばかりだと述べているから、この意味は「やっと始まった、端緒についた」ということに過ぎない。

ではこれに対して、神界や幽（霊）界はどうなのか？　ということを説明しているのが、中ほどの「**奥の神界では済みているが、中の神界では今最中ぞ**」とある部分なのだ。この意味は、奥の神界では全ての「岩戸開き」が終わっていること、中の神界（幽界）では「岩戸開き」の最中であるということである。

つまり神幽顕の三界における「岩戸開き」の状況は、「完成（神界）」→「最中（幽界）」→「幕開《あ》け（地上世界）」という関係になるのである。

ついでに言うと「**時待てと申してあろうが**」とは、地上界における「岩戸開き」が完成成就するまでには、まだしばらく時間がかかるので焦らずに待て、ということであろう。

このように神幽顕三界の関係性を考えれば、先の「〈そのような時が）**来ているのぞ**」も無理なく理解出来るのである。

では最後の帖文「**いつまでもチョンマゲを頭に乗せているのか、ケンビキ今一度痛くなるぞ、そのケンビキ今度は東の方ぢゃ**」であるが、「**チョンマゲ**」とはこれまでの古い価値観、つまり「体主霊従（我れ善し）」の文明を象徴しており、「**ケンビキ今一度痛くなる**」とは、「体主霊従」をグレンと引っくり返して「霊主体従」に戻すには「痛み（困難、苦難）」を伴う、という具合に解釈される。

要するに「身魂磨き（メグリ取り）」は口で言うほど簡単ではない、と教えているのだ。

ちなみに「ケンビキ」とは聞きなれない言葉であるが、これは「腱《けん》引き」のことだと思われる。「腱引き」に掛けて何らかの神仕組を説いているのであろう。そこで「腱引き」について、インターネット検索によって得られた情報をベースにして、少し説明しておこうと思う。

人間の腱や筋肉は運動、習慣、外から受けた衝撃で、収まっていた位置から外れたり捻じれたりすることがある。このようになると関節に負担がかかり、全身の骨格にも悪影響を及ぼして故障をもたらす原因になるとされている。

腱を正しい位置にもどす方法が「腱引き」であって、東洋医学の一つである。ピンと張られている腱を指先で引っかけるようにして弾き、刺激を与えるとともに正しい位置に戻す方法で、原因に直接アクセスするため「一撃改善」することも多いと言われている。

実際の施術では、すべての場合において痛みを伴う訳ではないが、症状や部位によっては痛みを伴うことがある。

このように「ケンビキ」とは腱が正しい位置からずれていることが前提になっているから、

これを人間に当てはめれば、「身魂が正しい状態からズレている」ということになる。それを直すのが「ケンビキ」であるから、当然これは「身魂磨き」のことを意味していることになるのだ。それが「**今一度痛くなる**」のであるから、「身魂磨き」において大きな苦痛や困難が襲い掛かることだと考えられるのである。

そして問題は帖文の最後の部分、「**そのケンビキ今度は東の方ぢゃ**」と示されていることだ。この意味は何か？　端的には「身魂磨きを促進する大きな苦難や困難が東の方から来る」と解釈されるが、では「東の方」とは具体的にどこか？　という疑問が生ずる。これを単純に「方角」と捉えてしまうと、そこで行き詰まってしまう。これでは具体的な場所が全く分からないからだ。

ここは深読みが必要であるが、その材料は第一巻「扶桑《ふそう》之巻」第一帖と第八帖において既に得られている。まず第一帖には次のように示されている。

東は扶桑《ふそう》なり、日（ゝ）出《い》づる秋《とき》は来にけり

（五十黙示録第一巻「扶桑《ふそう》之巻」第一帖）

右の第一帖には「**東は扶桑《ふそう》なり**」とあるが、私は「扶桑」とは「神国・日本」のことであると解いている（詳しくは当該帖の考察を参照）。

続いて第八帖には次のように示されている。

救いの手は東《ひむがし》より差し延べられると知らしてあろが、その東とは東西南北の東ではないぞ、このことよくわかりて下されよ。今の方向では東北《うしとら》から救いの手が差し延べられるのぢゃ、ウシトラとは東北であるぞ、ウシトラコンジンとは国常立尊で御座るぞ、地の元の、天地の元の元の元の神ぞ

（第一巻「扶桑之巻《ふそうのまき》」第八帖）

第八帖に込められた神意も極めて深いが、ここで「**東**」とは「**今の方向では東北《うしとら》**」であって、そこから「救いの手」が差し延べられると明記されていることに注目してもらいたい。

そこで「扶桑之巻《ふそうのまき》」第一帖と第八帖を纏めると、「東（扶桑）」である神国・日本の「東北」の方角から「救いの手」が差し延べられるという意味になるが、私はこの「救いの手」とはあの「3・11東日本大震災」のことだと解釈している。

凄まじいばかりの逆説であるが、あの超巨大な国難は実際に物凄く「痛いケンビキ」であったし、半面、それによってのほほんと暮らしていた極楽とんぼのような日本人の多くが、一瞬にして「霊的覚醒」をしたのであるから、間違いなく「救いの手」であったと言えるのである。

このように、本帖文が述べている「ケンビキ」とは「（日本に対する）救いの手」である、というのが私の解き方である。このことは次の神示によっても裏付けられているので、よく味わって頂きたい。

日本がヒの本の国、艮《うしとら》のかための国、⦿《ヒ》出づる国、国常立大神がウシトラの扉を開けて出づる国ということがわかって来んと、今度の岩戸開きはわからんぞ

（第五巻「極《きわ》め之巻」第四帖）

第十一帖

自由も共産も共倒れ、岩戸が開けたのであるから元の元の元のキの道でなくては、魂《タマ》の道でなくては立ちては行かん、動かん富士の仕組、ひらけて渦巻く鳴門《なると》ぢゃ。新しき人民の住むところ、霊界と現界の両面を持つところ、この岩戸開きて二度とない九十で開く仕組。

〈考察〉

●ミロクの世には自由主義も共産主義もない

本帖は、現在の世界から新しい世界（＝ミロクの世）に向かうプロセスの重要な要素を端的に述べたものであると捉えられる。

まず「**自由も共産も共倒れ**」であるが、これは現代世界の二大政治思想（体制）である自由主義（≒民主主義）と共産主義は共に倒れる、というのが文字通りの意味であろう。「自由主義」とは個人の自由が最も大事であるという意味で「個人主義」とも言えるし、他方の「共産主義」はこれと正反対の「全体主義」そのものである。

しかし「ミロクの世」では自由主義も共産主義も不要である（というより成り立たない）。言葉を換えれば、自由主義か共産主義とかいう選択の問題ではないということだ。

何故か？ それは自由主義も共産主義も詰まる所、「体主霊従（我れ善し）」の産物であるからである。「体主霊従」下における両極端の一方が自由主義であり、その対極に位置するのが共産主義であるから、「霊主体従」のミロクの世ではどちらも成り立つ道理がないのである。

このことは次の神示を見ても明らかなことだ。

同気同類の霊人は、同一の情態で、同じ所に和し、弥栄え、然《しか》らざるものは、その内蔵するものの度合いに正比例して遠ざかる。同類は相寄り、相集まり、睦び栄ゆ。（中略）そしてまた、各々の集団の中心には、その集団の中にて最も神に近い霊人が座を占め、その周囲に幾重《いくえ》にも、内分の神に近い霊人の順に座を取り囲み運営されている。もしそこに、一人の場所、位置、順序の間違いがあっても、その集団は呼吸しない。而して、それは一定の戒律によって定められたものではなく、惟神《かんながら》の流れ、すなわち歓喜によって自ら定まっているのである。

（第十七巻「地震の巻」第四帖）

この神示には「**同気同類の霊人は、同一の情態で、同じ所に和し、弥栄える**」と明示されているが、これは霊人たちが波動的に同一波長か、または共鳴、共振する単位で集団（グループ）を構成し、同じ所に住んでいるという意味に解される。

また、「**然《しか》らざるものは、その内蔵するものの度合いに正比例して遠ざかる**」とあるが、ここで「その内蔵するものの度合い」とは、「世の元の大神様の波動に近いか遠いかの度合い」と考えられるから、端的には「霊的波動の精粗の度合い」と言ってよいだろう。

つまり霊人たちは、それぞれが持つ波動の精粗に比例して、お互いの距離が決まるということを述べているのである。

このことを、神文字「☉」を使って説明すれば、まず集団の中心には「**その集団の中にて最も神に近い霊人が座を占め**」、次いで精妙な波動の霊人の順位に従って「丶」の近くに同心円的に位置し、粗《あら》い波動の霊人たちは、その度合いに比例して「丶」から遠くに位置することになるのである。

またここで、「波動の精祖」を「霊格」に置き換えると、波動が精妙な霊人ほど霊格が高く、波動が粗いほど霊格が低いと考えても同じ意味になる。

つまり霊格が大きく異なり共鳴も共振もしない者同士は、波動の法則によって絶対に同居し続けることが出来ないということになる（ただし高次の霊格者が、必要があって一時的に霊的に低い世界に降りることはあり得る）。

霊人にはこのような「（霊的な）住み分けの秩序」があるが、これは地上世界のように憲法や法律で決められているものではない。何故なら、**「而して、それは一定の戒律によって定められたものではなく、惟神《かんながら》の流れ、すなわち歓喜によって自ら定まっている」**と明示されているからである。「戒律によらず、歓喜によって自ら定まる」、これが「惟神《かんながら》の流れ（道）であると、日月神示は明言しているのだ。

以上は「霊人」たちの世界の状況であるが「ミロクの世」もこれに近い世界であることは論を俟《ま》たない。

そこでこのような世界に「自由（個人）主義」や「共産（全体）主義」が必要か？（或いは

成り立つか？）を考えて見れば、答えは明らかである。「戒律によらず、歓喜によって自ら定まる」世界に「〇〇主義」などという主義思想の入り込む余地があるはずがないのである。

●新世界は霊界と現界の両面を持つ所

以上が理解出来れば、「**岩戸が開けたのであるから元の元の元のキの道でなくては、魂《タマ》の道でなくては立ちては行かん**」とある部分は、直ぐに胸落ちするはずである。「元の元の元のキの道」と「魂《タマ》の道」は共に、前述の「戒律によらず、歓喜によって自ら定まる道」つまり「惟《かん》神《ながら》の流れ（道）」と同義であるからだ。

次に説明の都合上、帖文の途中を飛ばして「**新しき人民の住むところ、霊界と現界の両面を持つところ**」を先に取り上げるが、これは「身魂磨き」が深化し、晴れて「神人」となった者が住む「ミロクの世」が、「霊界と現界の両面を持つところ」だと述べているのである。

「霊界と現界の両面」を持つ世界とは、要するに「**半霊半物質**」の世界ということである。霊的波動性と物質性の両方によって構成される世界とも言い得る。勿論、このような世界の住人も同様に「半霊半物質」の身体を持つことになる（「半霊半物質」の詳細については第七巻「五葉之巻《ごよう》」においても取り上げる）。

「立て替えの大峠」の第二段階において全ての人類が肉体死すると述べて来たが、その理由もこれでお分かりだろう。完全な物質体である今の身体《からだ》を持ったままで、「ミロクの世」に行くことは絶対に不可能だからである。

一度死んだ者の中から、「身魂」が磨けた者だけが神の「息吹《いぶき》」によって甦《よみがえ》る段階が、「立て替えの大峠」の最終段階であることを思い出して頂きたい。甦った神人だけが「半霊半物質」の新たな身体を与えられるのである。

●動かん富士、ひらけて渦巻く鳴門《なると》

このような「ミロクの世」に次元上昇するための仕組がいわゆる「岩戸開き」と呼ばれるものだが、本帖ではこのことを「**動かん富士の仕組、ひらけて渦巻く鳴門《なると》ぢゃ**」とか「**この岩戸開きて二度とない九十で開く仕組**」という文章で表しているのである。

「富士の仕組」と「鳴門の仕組」は、それぞれ「火の仕組」、「水の仕組」とも呼ばれるものであり、火と水による現状破壊とこれに続く霊的覚醒が起こることを意味している。

「富士」は「火」であり「霊（ヒ）」に通じるから、神文字「⦿」においては「ヽ」に相当する。つまり「動かん富士の仕組」とは「ヽ」のことを指しているのである。正しく「富士」の如く、中心は動かずにどっしりと構えていなければならない。

これに対して「鳴門」は「水」であり「身（ミ）」に通じるから、神文字では「〇」に相当する。「〇」は鳴門の渦の如く、融通《ゆうずう》無碍《むげ》、自由自在に動いて仕組を進めて行くことになる。

もう一つの「この岩戸開きて二度とない九十で開く仕組」では、「**九十**」がキーワードである。ここで「九十」は「コト」と読めるから「二度とないコトで開く仕組」と言うことも出来るが、ではそもそも「九十（コト）」にはどんな意味が込められているのだろうか？

これについて私は、「九十」とは、「九（苦難、困難）」を超えて「十（ミロクの世）」へ至るプロセスを意味していると考えている。もう少し具体的に申せば、「八」で表される今の世界は「八方世界」であり、「九」が意味する苦難や困難、つまり「立て替えの大峠」を超えなければ、「十」で表される「ミロクの世」には行けないということになる。これが「二度とない九十（コト）」の神意であろうと考えられる。

第十二帖

地上界に山や川もあるから霊界に山や川があるのではない、霊界の山川がマコトぞ、地上はそのマコト（〇九十）の写しであり、コト（九十）であるぞ、マ（〇）が霊界ぢや、地上人は、半分は霊界で思想し、霊人は地上界を足場としている、互いに入れ替わって交わっているのぞ、このことわかれば来るべき世界が、半霊半物、四次元の高度の、影ない嬉し嬉しの世であるから、人民も浄化行せねばならん、大元の道にかえり、歩まねばならん、今までのような物質でない物質の世となるのであるぞ。

〈考察〉

本帖は全体として、「地上界、地上人」と「霊界、霊人」の相互関係について述べている。

●霊界がマコト、地上界はその写し

結論的なことから申せば、霊界が「**マコト**」であり、地上界は「(マコトの)**写し**」であるということである。「マコト」は「**〇九十**」とも表されるが、この中の「〇(マ)」は「レイ」つまり「霊↓霊的根元」を意味し、それが地上界に移写されたものが「コト(九十)」だとも説明されている。

要するに霊界が「元」であり、地上界はその「写し(或いは影)」という関係になるのである。このことは神文字「◉」において、霊界が「、」に相当し、地上界が「〇」に相当する関係にあるとも言い得る。

従って、本帖の冒頭に「**地上界に山や川もあるから霊界に山や川があるのではない、霊界の山川がマコトぞ**」と示されているのは当然の道理なのである。

この関係は「霊人」と「地上人」にもまったく同じように当てはまる。地上界に住んでいる我々がどのように考えどんな認識を持とうが、「霊人」がマコトの存在であり、「地上人」は「霊人」の「写しであり影のような存在」だというのが真実である。「霊人」が我々の本体であるということだ。

なお「地上人」と「霊人」の関係については、別の巻（帖）で次のように示されているので挙げておこう。

地上人の内的背後には霊人があり、霊人の外的足場として、地上人が存在する。地上人のみの地上人は存在せず、霊人のみの霊人は呼吸しない。地上人は常に霊界により弥栄する。

（第十七巻「地震の巻」第三帖）

「霊人」と「地上人」の関係は本体と写し（影）のような関係と述べたが、右の神示も全く同じことを述べていることが明らかである。**「地上人の内的背後に霊人があり」**とは、要するに「ヽ」を意味しており、「霊人の外的足場となる地上人」は「〇」のことである。

またこの「地震の巻」第三帖の神示には注目すべき点が二つある。

一つは**「地上人のみの地上人は存在しない」**ということで、これは要するに「本体（ヽ）」があるからこそその「影（〇）」が存在するのであって、「影（〇）」である地上人だけが独立して存在することは出来ないということである。

もう一つは「**霊人のみの霊人は呼吸しない**」とあることだ。地上人だけでは「存在しない」となっていて、霊人だけでは「呼吸しない」となっていて、両者には明確な相違がある。

「呼吸しない」とは、霊人（または神）の本質である「歓喜が弥栄しない」ということだと捉えられる。つまり、霊人の本体である「﹅」はそれ自体だけでも存在出来るが、ただ存在するだけで「歓喜しない」ということになる。

歓喜するには「相棒」が必要であり、その相棒が「〇（地上人）」なのである。本体（﹅）と影（〇）が結ばれて「⦿」と成りなり、初めて「歓喜弥栄（＝呼吸）」への道が開かれる。

本帖（第十二帖）の中ほどに「**地上人は、半分は霊界で思想し、霊人は地上界を足場としている、互いに入れ替わって交わっているのぞ**」とあることも、基本的に同じ意味である。

興味深いのは「地上人は、半分は霊界で思想し」と示されていることだ。ここで「思想」という言葉が使われているが、これは勿論「主義思想」のことではなく、「思うこと、考えること、想念すること」など一般的な意味で使われている。

現代科学では、思ったり考えたりすることはすべて「脳」の働きとされているが、この帖文では「半分は霊界」と明記されていることから、これはつまり脳細胞（〇）が半分、魂（ヽ）が半分ということになるだろう。

言葉を換えれば、人間が「思想」する時は「身（〇）」と「魂（ヽ）」が半分ずつ受け持っているとも言える。半分ずつではあるが、本来の働きとしては「魂（ヽ）」が主であり、「身（〇）」は従であることを忘れないようにして頂きたい。

しかし、五度に亘る「岩戸閉め」の結果、「身（〇）」が圧倒的に優勢になってしまい、「魂（ヽ）」は隅に追いやられて機能不全になってしまったのである。いわゆるこれが「体主霊従」ということの本質的な意味である。

日月神示が「身魂磨き」を何よりも強調しているのは、「魂（ヽ）」を覚醒させて本来の「霊主体従」に戻すためなのである。

●来るべき世界は「四次元」の世界

以上のことが分かれば、「**来るべき世界が、半霊半物、四次元の高度の、影ない嬉し嬉しの世であるから、人民も浄化行せねばならん**」とあることは無理なく理解出来るはずだ。「来るべき世界」とは勿論「ミロクの世」のことであり、その世界が「半霊半物（質）」の世界であることは前帖（第十一帖）でも取り上げている。

なおここで「四次元」という言葉が登場しているが、これは地上世界が「三次元」世界であることから、ひとつ次元が上昇した世界が「来るべき世界（＝ミロクの世）」という意味で使われている。

また「影ない嬉し嬉しの世」とは、「基本十二巻」の中にも登場している「ミロクの世」を説明する表現である。「半霊半物」の「ミロクの世」はまた「光り輝く水晶のような世界」とも形容されているので、「影ない（世）」もこれと同義である。

このような「来るべき世界」に入るためには、「人民も浄化行せねばならん」のは当然のことであり、いわゆる「身魂磨き」が最も重要であることを説いているのである。

第十三帖

父のみ拝《おろが》み讃えただけでは足りない、母に抱かれねば、母の乳を戴かねば正しく生長出来ないのであるぞ。一神として拝んでも足りぬ、二柱でも一方的、十万柱としても一方的ぞ、マイナスの神を拝まねばならん、マイナスの神とは母のことぢゃ、天にましますの父のみでは足りないぞ、天にあれば必ず地にもあるぞ、一即《そく》多即《そく》汎《はん》、地即天、天即地から表即裏である、マコトを行じて下されよ。

〈考察〉

●マイナスの神を拝まねばならん

キリスト教、イスラム教、ユダヤ教などのいわゆる「一神教」では、神について「唯一絶対神」とか「全知全能の神」、「創造主」或いは「父なる神」のように表現している。呼び名はどうあれ、神は唯一人（一柱）だけと決まっている。それ以外に神という存在はないからだ（ただし天使とか精霊とかいう存在はある）。

ところが本帖の後半には、実に不思議なことに「一即《そく》多即汎《はん》」と示されている。「一即多即汎」とは「一は即ち多であり、多は即ち汎《はん》である」という意味である。何やら禅問答か哲学的な表現のように感じられるものだ。

が、実はここに「神」という言葉を付けて「一神即多神即汎神」とすれば、かなり分かり易くなるのである。これは「神は一神であり、多神でもあり、汎神でもある」ということだが、もう少し具体的に言えば、「万物の親（創造主）としての神は一神であるが、その神の働き（神力）に注目すれば多神と捉えられ、さらに万象万物に神が宿るという観点からは汎神と言える」となる。

要は「視点、捉え方」の違いによるものであるが、日月神示が教えることは宇宙に存在するものすべて（万象万物）は、神によって生み出されたということに尽きるのである。神によって生み出されないモノ、神の外にあるモノは何一つ存在しないということだ。

一神教では神と悪魔の対立構造が見られるのが一般的であり、最後は悪魔が退治されて永遠に続く神の国が到来するというハッピーエンド的な筋書きになっているが、日月神示はこれとはまるで違う。ハッキリ言えば「悪神」でさえも「拝《おろが》む」対象とせよ、と教えているからだ。

本帖では「**父（神）**」に対する「**母（神）**」が登場し、しかもこの母（神）は「**マイナスの神**」であり、その神を「**拝まねばならん**」と断言しているのである。

ここに「悪神」という言葉は登場していないが、そこは推して知るべしである。「マイナス」があれば必ず「プラス」がある、「善」もあれば「悪」もある、「男」がいれば「女」もいる、「火」があれば「水」もある、要するに「陽」と「陰」の働きによって神仕組は進展し成就するのであるから、そのどちらの神も拝まなければならない、ということを教えているのだ。

何度も述べて来たように、陽は「ゝ」に相当し、陰は「〇」に相当するから、この二つが結ばれれば神文字「⦿」になることは明白である。神を拝むことは「⦿」を拝むことであるから、つまり「陽（ゝ）」と「陰（〇）」の両方を拝むことに繋がるのである。

ちなみに、このような「陽（ゝ）」と「陰（〇）」の関係は、次に示すような表現によって表すことが出来る。必ず右と左の「対（ペア）」の関係で顕現することに注意して頂きたい。

◎陽（ゝ）↓天、善、魂、火、男性原理、父、真我、縦、左、プラス……
◎陰（〇）↓地、悪、身、水、女性原理、母、自我、横、右、マイナス……

ここまで理解出来れば、本帖の意味は自然に胸落ちすると思うがどうであろうか？　以下、二点について補足する。

まず「**一神として拝んでも足りぬ、二柱でも一方的、十万柱としても一方的ぞ**」とは、一神としての父（神）、二柱としての父（神）、十万柱としての父（神）のことで、父（神）だけがどんなに多くても、母（神）が欠けているから「一方的」だと教えているのである（勿論この逆も同じである）。

「**地即天、天即地から表即裏である**」は、「地」は即ち「天」であり、「天」は即ち「地」であること、同じように「表」は即ち「裏」である、というのが文章としての意味だが、要するにこれらは、本来切り離すことが出来ない「一体」のものであり、「裏と表」の関係だということを説いているのである。

最後に本帖に関連するもう一つの神示と、これを受けて岡本天明（たち）が行った神業（神祀り）について紹介する。まずは次の帖文をご覧頂きたい。

「八岐大蛇《やまたのおろち》」を始め、悪の⦿⦿《かみがみ》様祀りくれよ、心して結構に祀り始め下されよ。このこと役員のみ心得よ、岩戸開く一つの鍵ざぞ

（第十九巻「まつりの巻」第二十二帖）

右の神示には、**「八岐大蛇《やまたのおろち》」**を始め、**「悪の⦿⦿《かみがみ》様」**を、**「心して結構に祀り始め下されよ」**とハッキリ書かれているが、「悪（神）」について何の予備知識もない者がこれを読めば、全く理解出来ず混乱するのがオチである。

いやむしろ、ここだけを捉えて「日月神示」は偽物だとか、「悪神」の所産、或いは「邪教」を勧めるものだなどとレッテルを張ってしまうかも知れない。確かに、日月神示を否定しようとする者にとっては大喜びしそうな内容ではある。

しかし、前述した説明を理解していれば、何も矛盾はないことが分かるはずだ。「悪神」は「悪の御用」を担うが、元々は「尊い神」であって、「八岐大蛇」はその大将格なのである（＝悪の三大将のリーダー格）。

この帖文は「これらの悪神を丁重に祀れ」という神の指示であり、その実行を天明たちに命じたものである。

実際に天明たちはこの神命に基づき、昭和21年9月28日、「悪の三大将」を「奥山」に祀っている（黒川柚月著『岡本天明伝』ヒカルランドより）。とは言え、いくら何でも「悪神」たちを大っぴらに祀ったのでは、実情を知らない者の誤解を招くことになるから、神示にも「**このこと役員のみ心得よ**」と明記されているのである。天明たちに対する神の配慮であろう。これに基づき、天明たちはこれら悪神の祀りを「秘祭」として執り行ったと『岡本天明伝』は伝えている。

また、この帖の最後に「**岩戸開く一つの鍵ざぞ**」とあるが、これについてはもう説明する必要がないだろう。

第十四帖

目から泥を洗い去ると見えてくるぞ、右の目ばかりではならん、左の目の泥も落とせよ。泥のついていない人民一人もないぞ、泥落とすには水がよいぞ、世の元からの真清水で洗い落として下されよ、世の元の元の元の元の真清水結構。

〈考察〉

本帖の趣旨は「泥を落とすには水がよいぞ」ということだが、これは一見して当たり前のことである。しかし「五十黙示録」なるものが、こんな当たり前のことを降ろしているだけで済む訳がないから、そこには重大な神理が秘《かく》されていると見なければならない。それは一体何だろうか?

●泥、水、右の目、左の目とは？

「目から泥を洗い去ると見えてくるぞ」を逆に見れば、**「泥によって目が塞がれているので見えない」**ということになるが、この場合の「泥」とは「岩戸閉め」を意味し、「見えない」とは「岩戸閉め」によって臣民が「体主霊従」の性来に堕ちている（つまり神理や神仕組が見えない）ことを意味していると解される。

よって「見える」ようにするには「岩戸開き」が必要になるが、本帖ではこのことを**「水で洗い去る」**と表現しているのである。このように捉えれば、全体が見えて来るはずだ。

「右の目ばかりではならん、左の目の泥も落とせよ」とは一見当たり前のことで、左右両方の目が見えなければ正しくモノを見ることが出来ないのは当然だが、ここではさらなる深読みが必要である。

つまり「右（の目）」は「陰（〇）」を、「左（の目）」は「陽（、）」を象徴しているから、「岩戸開き」のためには、「陰と陽」両方の要素が揃わなければ（結ばれなければ）ならない、という意味になるのである。

これは正に前帖（第十三帖）で解説した「陽（〵）」と「陰（〇）」の関係そのものであることがお分かりになるであろう。念のため再掲しておく。

◎陽（〵）↓天、善、魂、火、男性原理、父、真我、縦、左、プラス……
◎陰（〇）↓地、悪、身、水、女性原理、母、自我、横、右、マイナス……

続いて、「**泥のついていない人民一人もないぞ**」とは、全ての人民は「岩戸」が閉められていて、全員が「体主霊従」になっていることを述べているが、ここは比較的分かり易い箇所だろう。

そこで「**泥落とすには水がよいぞ**」であるが、これは常識的にもそのものズバリであるから、多くの者はそれで納得してしまうかも知れない。しかし、やはりそれでは神意には至ることは出来ないのだ。

何故「水」なのだろうか？　ここを掘り下げて見よう。ヒントは前述した「岩戸閉め」であるが、「最初の岩戸閉め」のことを想起して頂きたい。

「最初の岩戸閉め」は、イザナギ神とイザナミ神の離別によって象徴される「男性原理」と

「女性原理」の分離を意味していた。

その後、独り神となったイザナギ神が三貴神はじめ色々なものを生むが、それは「男性原理」だけによって生み出された「一方的」なものであった。何故なら「女性原理」が欠落していたからである。

そこでイザナミ神が象徴する「女性原理」であるが、これは「陰（○）」の働きであり、同様の働きを表す用語として、「地、悪、身、水、母、自我、横、右、マイナス……」などであることを再確認して頂きたい（前記参照）

お分かりだろうか？「女性原理」が欠落しているということは、「水がない」という言い方で表すことが出来るのである。つまり「泥落とすには水がよいぞ」とは、「岩戸」を開くためには「水（＝女性原理、陰の働き）」が必要だと教えているのである。

故に「水」なのだ。単なる水ではない。

次いで「**世の元からの真清水で洗い落として下されよ、世の元の元の元の真清水結構**」とあるが、ここでいう「真清水」は前述の「水（＝女性原理）」とは趣を異にしているようである。と言うのは「真清水」は単なる「水」ではなく、「世の元からの真清水」であり「世の元の元の元の真清水」と示されているように、明らかに「世の元の元の大神」様にダイレクトに繋がる「水」であるからだ。

では「世の元からの真清水」とは何であろうか? 何処にあるのだろうか?

言うまでもない。それは「**日月神示**」そのものである。国祖様(国常立大神)が降ろした「日月神示」が最も正統な「世の元からの真清水」である。これをしっかり学び、肚に入れることによって「泥が落ちる」つまり「岩戸」が開かれるのは当然である。

日月神示は日本に降ろされ、その全訳本は誰でも読むことが出来るではないか。

第十五帖

十二人が一人欠けて十一人となるぞ、その守護神を加えて二十二柱、二十二が富士ぢゃ、真理ぢゃ、また三であるぞ、今までは四本指八本指で物事をはかって誤りなかったのであるが、岩戸が開けたから親指が現われて五本十本となったのぢゃ、このことよくわきまえよ。

〈考察〉

本帖は如何にも黙示録らしい難解な文章である。テーマ的には二つの内容が含まれているので、それぞれについて見て行こう。最初は次の文節である。

十二人が一人欠けて十一人となるぞ、その守護神を加えて二十二柱、二十二が富士ぢゃ、真理ぢゃ、また三であるぞ

●何故十二人から一人欠けなければならないのか？

この帖文は、ちょっと見ただけでは訳が分からないものである。これを理解するには、冒頭の「**十二人が一人欠けて十一人となるぞ**」を解くことがキーになるが、このためには関連する他の帖（やピース）の助けが必要である。ここでは次の2例の神示を採り上げる。

五十の足がイツラぞ、イツラでは動きとれん。四十九として働いてくれよ、真中の一は

動いてはならん。真中動くでないぞと申してあろうがな
（第一巻「扶桑《ふそう》之巻」第十一帖）

百は九十九によって用《はたら》き、五十は四十九によって、二十は十九によって用《はたら》くのであるぞ、この場合、百も五十も二十も、天であり、始めであるぞ、用《はたら》きは地の現われ方であるぞ
（第二巻「碧玉《あおたま》之巻」第十九帖）

この2例の神示では、「**百**」も「**五十**」も「**二十**」もそれ自体では動きがとれないこと、このため「**真中の一（天）は動かず**」、残りの「**九十九**」、「**四十九**」、「**十九**」が「**地として用《はたら》く**」という神理を述べている（詳細はそれぞれの帖の解説を参照されたい）。

この例に倣《なら》って、「十二人が一人欠けて十一人となるぞ」を解釈すれば意味が通じるであろう。「十二」では動きがとれないため、「十一」となって用《はたら》くことを述べているのだ。

●二十二は富士であり真理であり三でもある

次に「**その守護神を加えて二十二柱、二十二が富士ぢゃ、真理ぢゃ**」についてであるが、ま

ず「十一人」は地上世界の臣民の数であって、それぞれの「守護神」の数も十一人（柱）であるから、両者を合わせれば「二十二柱」ということになる。この意味は、地上世界の神仕組を進展させるためには、地上人（○）と守護神（ヽ）が結ばれなければならない、ということに他ならない。

ここで「二十二」は「二二」とも書き、二二は「フジ→富士」と読めることから「二十二が富士ぢゃ、真理ぢゃ」へと繋がっているのである。日月神示において「富士」は完全に別格扱いされており、極めて重要な神理を秘めている。

しかも「富士」は「神国日本」の象徴であって、日月神示第一巻「上つ巻」の冒頭に「**富士は晴れたり、日本晴れ**」と降ろされていることと別にはならないのである。

ここで何故「十一」が出て来ているかについて考えて見ると、私が真っ先に思いつくのは、「○、一、二、三、四、五、六、七、八、九、十」という数字である。○から十までを数えると丁度「十一」個になる。

この中で「一から八」まではこの地上世界、つまり「八方世界」を表している。残った「○、九、十」のうち、最初の「○」は「霊（または無）」という意味で、一から八までの地上世界を創造した根源の霊的な力を意味していると捉えられる。そして「九、十」は、「九」が「苦」或いは「括り」、そして「十」は言うまでもなく「ミロクの世界」を表している。

つまり、霊的な根源（〇）によって創造された地上世界（一～八）は、苦難を通して括られ（九）、やがてミロクの世（十）へと次元上昇する、というのが全体の意味になる。

要するに「〇、一、二、三、四、五、六、七、八、九、十」という十一の数字には、神仕組の「創造」と「破壊」さらに「新世界への次元上昇」全てを含む重大な奥義が秘められていると捉えられるのである。

次に「（二十二が富士ぢゃ、真理ぢゃ、）**また三であるぞ**」について見てみよう。文意的には「三」という数も真理を表していると解されるが、この場合の真理とは何だろうか？

私は二つのケースが考えられると思う。

一つは「造化三神」に関することである。「造化三神」とは古事記に登場する根源的な三神のことで、「天御中主神《あめのみなかぬしのかみ》（以下「アメノミナカヌシ」）」、「高御産巣日神《たかみむすびのかみ》（以下「タカミムスビ」）」、「神産巣日神《かみむすびのかみ》（以下「カミムスビ」）」を指す。この三神が「造化三神」と呼ばれるのは、宇宙を生成化育したとされているからである。
一般にこの三神は別々の神とされているが、私は「三位一体」であると考えている。つまり根源神である「アメノミナカヌシ」が宇宙を創造するために、「陽」の神力と「陰」の神力の二つを発揮したと捉えるのである。

この場合、「陽」の力が「タカミムスビ」、「陰」の力が「カミムスビ」に対応し、その大元は「アメノミナカヌシ」であって、この三者は切り離すことが出来ないから「三位一体」なのである。

このことを神文字で表せば、「アメノミナカヌシ」が「⦿」であり、「タカミムスビ」が「、」、「カミムスビ」が「〇」に対応することになる。正に「三であるぞ」と言うに相応《ふさわ》しいではないか。

もう一つは「天地人」に関することである。これまで何度も述べて来たが、天は「、」、地は「〇」で表される。この二つ、「天の理（、）」と「地の理（〇）」が「人」において結べば、そこに「神人（⦿）」が生まれることが分かる。つまり「人」とは、本来、「天」と「地」を結ぶ存在であるという意味の真理である。

「三であるぞ」の真理については以上のように考察したが、共通項はやはり神文字「⦿」に帰結するということである。

では二つ目の文節に移ろう。

> 今までは四本指八本指で物事をはかって誤りなかったのであるが、岩戸が開けたから親指が現われて五本十本となったのぢや、このことよくわきまえよ。

●岩戸が開けて親指が現われ五本十本となった

ここでは、今までは「**四本指八本指**」だったが、「**岩戸が開けたから五本十本になった**」と述べている。そして増えた指は「**親指**」だというのであるが、勿論これは比喩である。

読者はお分かりだと思うが、「四、八」は「四方八方の世界」であって「岩戸が開ける前の地上世界」のことを指している。これは神文字「⦿」で言えば「〇」が該当する。

また「親指」とは「ヽ」のことであり、これが現われて「五、十」になったのだから、「〇」

と「、」が結ばれて「◉」になったことを意味するのである。これが「岩戸が開けた」ことの意味である。

冒頭に「**今までは四本指八本指で物事を図って誤りなかった**」とあるのは、「岩戸開き」前の地上世界は時間と空間、それに物質（質量）によって秩序付けられる世界であるから、その法則に従い、またそれを利用する限りにおいて「物事をはかっても誤りはなかった」と解される。

なお「五」は神仕組上の「根本数」であり「天の中の元のあり方」であって、第一巻「扶桑《ふそう》之巻」第一帖に次のように示されている（重要なので再掲する）。

> 五のイシがモノ言うのであるぞ、開けば五十となり、五百となり、五千となる。握れば元の五となる、五本の指のように一と四であるぞ（中略）いよいよ時節到来して、天の数二百十六、地の数一百四十四となりなり、伊邪那岐《イザナギ》三となりなり、伊邪那美《イザナミ》二となりなりて、ミトノマグワイして五となるのであるぞ、五は三百六十であるぞ、天の中の元のあり方であるぞ

（五十黙示録第一巻「扶桑《ふそう》之巻」第一帖）

この帖文から明らかなように、「五」を人間の「指」で表せば、「一（親指↓ゝ）と「四（残りの指↓〇）」であり、また「神」で表せば「イザナギ（ゝ）」と「イザナミ（〇）」のことである。いずれも「ゝ」＋「〇」＝「ⓥ」になることを示している。

このように日月神示においては、「五」が「世の元の大神」様に直結する神仕組の「根本数」を意味していることを忘れないで頂きたい。また「五本十本となった」の「十」は、これも何度も述べているように、「完全」、「神」また「ミロクの世」などを表しているので、これもキッチリと押さえておいて頂きたい。

第十六帖

偽《にせ》の愛、偽《にせ》の智と申すのは、神を信じない人民の愛と智であることを知れよ、この人民たちは神の声を聞いても聞こえず、神の現われを見ても見えないのであるぞ、目を閉じ耳にフタしているからぞ、今の人民よ学者よ金持ちよ、早う考え方を変えねば間に合わん、心の窓早う開けよ。

〈考察〉

●本帖を一般的な意味に解釈するとこうなる

「**偽《にせ》の愛**」とか「**偽《にせ》の智**」とは、「**神を信じない人民**」が信じている「愛と智」だと断言している。ここで「神を信じない」とは単に無信仰であるという意味ではなく、「体主霊従」の性来に堕ちているという意味に捉えなければならない。つまり「偽《にせ》の愛と智」とは「体主霊従」の者が信じている愛であり、智であるということになる。

次に「**今の人民よ学者よ金持ちよ**」とは「偽《にせ》の愛と智」を信じている者のことであるが、ここで「学者」と「金持」が特出しにされているのは、両者ほど「偽の愛や智」を信じ込んで、強い執着を持っているからであろう。

このような者は皆「**目を閉じ耳にフタしている**」から、「**神の声を聞いても聞こえず、神の**

現われを見ても見えない」ことになるのである。

これに対する「真の愛と智」は、「神を信じる者」つまり「霊主体従」の者が信じる「愛と智」ということになるのは自然に理解される所だ。

●「偽《にせ》」は愛と智に限ったことではない

本帖の表向きの解釈は前述の通りであるが、ここで止まってしまったのでは「五十黙示録」の黙示録たる意味がない。もっと深い神意が秘められているのである。

そのために、まず「偽」と「真」があるのは「愛」と「智」に限ったことなのか？ と考えて頂きたい。私の本や講演などで共に学んで来た人であれば、そうでないことは直ぐに気付くはずである。

では「愛」と「智」以外には何があるのか？ 実はこれを考えるには「我の構造図」が最良のヒントになる。「我の構造図」については既に何度も述べて来ているが、説明の都合上、再掲する。

【我の構造図】

◎神の光↓「真我」を通る↓「、、真、善、美、愛」となる↓「御用の善」＝表、主

◎神の光↓「自我」を通る↓「〇、偽、悪、醜、憎」となる↓「御用の悪」＝裏、従

「我の構造図」において、神の光が「**真我**」を通れば確かに「愛」となるが、愛以外にも「真、善、美」となることが明らかである。しかもこれらは皆「、」に集約されるから、本帖でいう「愛」とは、「、、真、善、美、愛」を包括して述べていると考えるのが正しい。

つまり「偽の愛」以外にも「偽の真、偽の善、偽の美」があるということだ。

●二元論で理解するから「偽《にせ》」になる

ではそもそも「偽《にせ》」とは、どういう意味であろうか？　本帖にはこれについて何の説明もないが、私からズバリ申せば、それは「二元論」で理解することだと言えよう。「二元論」とは相対する二つのモノが、それぞれ独立して別々に存在していると考える論のことだ。

日月神示は「善悪二元論」が誤りであることをあちこちで説いているが、これと同様に「真偽二元論」も「美醜二元論」も「愛憎二元論」もすべて誤りである。人は「真、善、美、愛」と「偽、悪、醜、憎」はそれぞれ独立して別々に存在していると信じて疑わないから、「悪がなくなれば善だけになる」とか「憎しみがなくなれば愛だけになる」のように簡単に信じてしまうが、神はこれが「偽《にせ》」だと教えているのである。

　では「偽」に対する「真」とは何だろうか？　ここまで来れば答えは明快である。言うまでもない、「二元論」が間違いということは「**全ては一元（に帰結する）**」ということだ。全ては「世の元の大神」様から出ていることであるから、大元において「一元」であることは当たり前なのである。

　ここが重要なのだが、これ故に「真、偽」、「善、悪」、「美、醜」、それに「愛、憎」のように相反するペアは、それぞれが独立して別々に存在するのではなく、同じモノの「表と裏」の関係になるのである。であるから、ペア同士を切り離すことは原理的に不可能なことなのである。不可能なことを可能だと錯覚しているのが「二元論」というものである。

　私はこのことを、よく「棒磁石」の「N極」と「S極」を例に取って説明して来た。棒磁石の片側が「N極」である時、反対側は当然「S極」である。ではこの磁石を真中から切断したらどうなるだろうか？　棒磁石の長さは半分になるのは当たり前だが、この時、「N極」と「S極」もキレイに分かれてしまうのだろうか？

ならないのだ。長さが半分になった棒磁石でも、両端にはチャンと「N極」と「S極」が出来るのである。それを更に半分にしても結果は同じだ。何度繰り返しても「N極」と「S極」が分離することはない。これと同じように「真、偽」、「善、悪」、「美、醜」、「愛、憎」も切り離すことは絶対に出来ないのである。

「善悪一如」、「善悪不離」、「善悪一体」、「善悪不二」などという表現も同じことを意味しているのである。

●「愛は永遠、愛こそすべて」は、実は正しくない

もう少し説明を続ける。

先に「すべては一元」であると述べたが、これを「我の構造図」を使って説明したい。

「我」には「真我」と「自我」があり、それぞれが「丶、真、善、美、愛」及び「〇、偽、悪、

醜、憎」として働くのであるが、「何」がそうなるのか？「我の構造図」の中からその「元」を見て頂きたい。

そうすると「真我」にも「自我」にも「**神の光**」が入った後でそうなっていることが分かるだろう。つまり大元は「神（の光）」なのであるから、逆を辿れば「真我」と「自我」は必ず「神（の光）という一元に帰する」ことが理解されるはずだ。

この「神（の光）」は言うまでもなく「㋹」のことであるが、日月神示ではこの大元（一元）を「**歓喜**」とも呼んでいる。

少々理屈っぽくなるが、大元は「世の元の大神」様の「歓喜」であって、そこから派生したものが「真我↓ゝ、真、善、美、愛」と「自我↓〇、偽、悪、醜、憎」である。何を言いたいのかというと、例えば人間の大好きな「愛は永遠、愛は不滅、愛はすべて、愛は究極、愛は神」などという甘い文句は、実は正しくないということだ。

何故なら、「愛」は根源（大元）の「歓喜」から派生した二次的なものであって、常に「憎」と裏表の関係で存在するからである。つまり「愛は永遠」と言うのであれば、その裏には必ず

「憎しみも永遠」がペアとして存在しているということなのだ（これは他の要素についても全く同じである）。
甘い言葉はつい信じてしまいたくなるが、信じ切ってはならない。
以上述べたことに関連する他の帖（やピース）を挙げるので参考にして頂きたい。

地上人は、肉体を衣とするが故に、宇宙のすべてを創られたもののごとく考えるが、創造されたものではない。創造されたものならば、永遠性はあり得ない。宇宙は、神の中に生み出され、神と共に生長し、さらに常に神と共に永遠に生まれつつある。その用《はたらき》は愛と現われ、真と見ゆるも、愛というものはなく、また真なるものも存在しない。ただ大歓喜のみが脈打ち、呼吸し、生長し、存在に存在しつつ弥栄するのである。

（第十七巻「地震の巻」第一帖）

まことの善は悪に似ているぞ、まことの悪は善に似ているぞ、よく見分けなならんぞ、悪の大将は光り輝いているのざぞ

（第五巻「地つ巻」第十七帖）

今日《こんにち》までの御教《みおしえ》えは、悪を殺せば善ばかり、輝く御世《みよ》が来るという、これが悪魔の御教えぞ、この御教えに人民は、すっかりだまされ悪殺す、ことが正しきことなりと、信ぜしことの愚かさよ、三千年の昔から、幾千万の人々が、悪を殺して人類の、平和を求め願いしも、それははかなき水の泡、悪殺しても殺しても、焼いても煮てもしゃぶっても、悪はますます増えるのみ、悪ころすてふ《ちょう》そのことが、悪そのものと知らざるや

（第二十三巻「海の巻」第五帖）

この方、この世の悪神《あくがみ》とも現われるぞ、閻魔《えんま》とも現われるぞ、悪と申しても臣民の申す悪ではないぞ、善も悪もないのざぞ

（第八巻「磐戸の巻」第四帖）

「八岐大蛇《やまたのおろち》」を始め、悪の⦿⦿《かみがみ》様祀りくれよ、心して結構に祀り始め下されよ。このこと役員のみ心得よ、岩戸開く一つの鍵ざぞ

（第十九巻「まつりの巻」第二十二帖）

以上は「愛」に関連し、「我の構造図」から「ゝ、真、善、美、愛」と「〇、偽、悪、醜、憎」まで範囲を拡大して包括的に論じたことであるが、まだ「智」が残っているので補足しておきたい。

本帖でいう「**偽《にせ》の智**」とは、地上世界を支配する法則が、時間、空間、物質（質量）によって支配されており、これらの法則が宇宙や自然界の一切を支配して運行させているとする考え方を指していると考えられる。つまり、地上的平面的な思考によって、森羅万象の全てを説明しようとすること、或いはそれが出来ると思い込むことである。

しかし、この「智」は地上世界（いわゆる「この世」）においてのみ通用するものであって、神界、幽界などの「あの世」のことについては全く無力であるし、ましてや「神」の存在やその本質を扱うことなど不可能である。

「**早う考え方を変えねば間に合わん、心の窓早う開けよ**」とは、このような人間に対する神からの警告であり指導である。

第十七帖

土のまんじゅうと申してあろう、土が食べられると申してあろう、土から人民を生んだと申してあろう、ウシトラコンジンの肉体は日本の土ざと知らしてあろう、土に生きよと申してあろう、地は血であるぞ、素盞嗚命《スサナルノミコト》様であるぞ、その土が生長して果ての果てに皮をぬぐ、それが地変であるぞ。

〈考察〉
本帖は日本の土（国土）の霊的な本質について述べたものである。

●「土のまんじゅう」が食べられる

冒頭の「**土のまんじゅうと申してあろう、土が食べられると申してあろう**」だけを見れば、「エッ、うそ、そんな馬鹿な！」と言いたくなる者がいるだろう。それほど常識外のことが書かれている。
またその理由についていては、「**土から人民を生んだと申してあろう、ウシトラコンジンの肉体は日本の土ざと知らしてあろう、土に生きよと申してあろう**」とある。ここで「ウシトラコンジン」とは、勿論、国祖様（＝国常立大神）のことである。

日本の国土が「国祖様の御肉体《おからだ》」であり、その土から「人民を生んだ」のであるから、「土（のまんじゅう）が食べられる」というのは、三段論法としては確かに成立する。と言っても人間の食物は「土」以外に幾らでもあるのだから、ここで何故「土」が登場しているのだろうか？　ここが問題である。

本帖だけでは分からないが、実は日月神示には「食」に関して重要なテーマが数多く降ろされている。本帖もその中の一つであるが、この背景には「世界的規模の食糧欠乏」があると思われるのである。

結論から申せば、「何も食べるものがなくなったら、日本の土が食べられる」という流れになるのであるが、大事なテーマなので関連する帖文（ピース）を取り上げておこう。

日本の国に食べ物無くなってしまうぞ。世界中に食べ物無くなってしまうぞ。何も人民の心からぞ。食べ物無くなっても食べ物あるぞ、☉の臣民、心配ないぞ、共食いならんのざぞ。心得よ。

（第十四巻「風の巻」第十一帖）

これは、日本にも世界にも食料が無くなることの預言的警告である。その原因は「**何も人民の心からぞ**」とあるが、具体的にそれは「貪《むさぼ》る心」のことを指している。

ただ「**☉の臣民**」については「**食べ物無くなって食べ物あるぞ**」とあることに注目して頂きたい。

いよいよとなりて何でも食べねばならぬようになりたら虎は虎となるぞ、獣と神とが分かれると申してあろうがな、（中略）獣の食い物食う時には、一度神に捧げてからにせよ、神から頂けよ、そうすれば神の食べ物となって何食べても大丈夫になるのざ

（第四巻「天つ巻」第五帖）

この神示に「**いよいよとなりて何でも食べねばならぬようになりたら**」とあるのは、明らか

に食料が欠乏して、食えるものは何でも食わなければならない事態を指していると考えられる。この意味で、最初に紹介した神示（第十四巻「風の巻」第十一帖）をとリンクしていることが分かる。

こうなった時は「（それが）**獣の食い物である時は神に捧げてからにせよ**」とあることは重要なポイントである。日月神示は、日本人のあるべき姿として「穀物菜食」を説いているが、緊急時においては、そのようなことは脇に置かなければならないからであろう。

> ⦿の国は⦿の肉体ぞと申してあるが、いざとなれば、お土も、草も、木も、何でも人民の食べ物となるように、出来ているのざぞ。何でも肉体となるのざぞ。なるようにせんからならんのざぞ。
>
> （第十二巻「夜明けの巻」第二帖）

この帖文の冒頭に「**⦿の国は⦿の肉体ぞ**」とあるのは、本帖（第十七帖）の「**ウシトラコンジンの肉体は日本の土ざと知らしてあろう**」と同義である（つまり「⦿の国」＝日本）。

その上で「**いざとなれば、お土も、草も、木も、何でも人民の食べ物となるように、出来ているのざぞ。何でも肉体となるのざぞ**」とあるが、ここでは「土」だけではなく、「草も、木も、何でも」人民の食べ物になると、幅広く示されていることが注目される。つまりこのことは、「土だけではなく土が育てたモノは何でも食料になる」という意味に解される。

松食《お》せよ、松食せばわからん病治るのぢやぞ、松心となれよ

（第十三巻「雨の巻」第十四帖）

最後に取り上げた神示には「**松食《お》せよ**」とある。「松」も土が育てたモノであるから食べられることは理解出来るが、「**松食せばわからん病治るのぢゃぞ**」とも示され、どうも「松」は特別なモノであるようだ。

黒川柚月著『岡本天明伝』（ヒカルランド）によれば、天明たちはこの神示に従って、松葉のタバコ、松葉のお茶や油揚げなどを作って実際に試食したことが書かれていて興味深いものがある。また現代においても「松（松葉）」は健康によい食品として知られており、松葉茶、松葉ジュース、松葉エキスなどが販売されているのは事実である。

以上が「土（のまんじゅう）が食べられる」ことの解説である。

●素盞鳴命《スサナルノミコト》は地上世界の主宰神

本帖の残りの部分では、まず「**地は血であるぞ、素盞鳴命《スサナルノミコト》様であるぞ**」とあることから、「素盞鳴命」と国祖様（つまり国常立大神）は、本来、同一神であることが読み取れる。同一神ではあるが、大神の多様な働きに応じて異なる御神名によって顕現されていると考えればよいだろう。国祖様としての主な働きは地球の修理固成《つくりかため》であり、さらに此度の「岩戸開き」の総大将ということであるが、素盞鳴命の場合は地上世界の主宰神、守護神を表す御神名であると考えられる。

●土が生長して皮をぬげば地変になる

次に本帖最後の部分、「**その土が生長して果ての果てに皮をぬぐ、それが地変であるぞ**」は不気味な内容である。ここには「それ**が**地変であるぞ」とあることから、おそらく「立て替えの大峠」の第二段階「超天変地異」のこと（一部？）を指していると考えられる。

具体的には「その土が生長して果ての果てに皮をぬぐ」とあることから、これは「地殻の大変動」、及びこれに付随する「巨大地震」を指しているのではないだろうか？「土が生長して皮をぬぐ」とは、地殻を構成するプレートが「生長し（他のプレートに押されて沈み込み）」、その現界を超えた時に「皮をぬぐ（跳ね返る）」と解釈出来るように思われるのである。

いわゆる地球物理学でいうところの「プレートテクトニクス理論」と一致しているように思われてならない。これが海底であれば、当然「大津波」が起こることを予期しておかなければならない。実際にあの「3・11東日本大震災」がそうだったではないか。

第十八帖

天人が人民に語る時は、人民の中に来て、その人民の持つ言葉で語り文字を使うのであるぞ、自分と自分と語るごとくなるのであるぞ、天人同志の文字は数字が多いぞ。夜明け前になると霊がかりがウヨウヨ、勝手放題にまぜくり返すなれど、それもしばらくの狂言。

〈考察〉

本帖はたった3行ほどの短い文章であるが、含まれるテーマは重要なものばかりである。しかも三つもあるので順に見て行こう。最初は次の帖文である。

天人が人民に語る時は、人民の中に来て、その人民の持つ言葉で語り文字を使うのであるぞ、自分と自分と語るごとくなるのであるぞ

●霊人が憑依すると自分が自分と語るようになる

「**天人**」とは「地上人」に対する表現であろうが、「天人」という語感からは霊人の中でもかなり上位の霊格を持った存在と思われる。その「天人」が人民に語る時は、まず「**人民の中に来て**」とあるが、これは心霊現象でいう「神霊が憑《か》かる」ということである。何らかの霊的存在が、人民の中に一時的に入って（同居して）必要なメッセージや情報を伝えると言うことだろう。いわゆる「憑依」現象である。

どのようにして伝えるかについては、「**その人民の持つ言葉や文字**」を使うとある。ただこの帖文には「**人民に語る**」とあるから、文字通り採ればこれは「霊言」を指していることになるだろう。事実、帖文にも「**自分と自分と語るごとく**」と示されている。

以上は「語る（＝霊言）」に関することであるが、「天人」が地上人に伝える方法には、「霊言」以外にも「霊視」、「霊聴」、「自動書記」などの方法があることはよく知られている。或いは心の中に何らかのメッセージが直接降ろされるような「霊的直観」もこれに含めてよいかも知れない。

読者もよくご存じの通り、岡本天明が神から日月神示を受ける手段は大部分が「自動書記」であった。また私自身の体験としては、「霊的直観」と思われるものは何度も経験している。

次の文節は、極めて短い一行の文章である。

天人同志の文字は数字が多いぞ。

●天人の文字は数字が多い

この帖文は書かれている通りに受け取るべきものである。我々地上人は、例えば日本人なら平仮名や漢字を文字として使うし、英語圏の者であればアルファベットを文字として用いている。これ以外にも世界には様々な言語（文字）があるが、本帖のように「数字」を文字として使うということにはかなり抵抗感があるのが本当の所であろう（数秘術のような特殊な場合は別として）。

我々の感覚がどうであれ、「天人の文字は数字が多い」ことは事実として受け止める必要がある。ただ本帖には、「何故数字なのか？」という本質的なことに関しては何の記述もないが、これについては第十七巻「地震の巻」第十三帖に次のように降ろされている。

中心に座す太神のお言葉は、順を経て霊人に至り、地上人に伝えられるのであるが、それはまた霊界の文字となって伝えられる。（中略）また高度の霊界人の文字として、ほとんど数字のみが使用されている場合もある。数字は、他の文字に比して多くの密意を蔵しているからである。しかしこれは不変なものではなく、地上人に近づくに従って漸次変化

し、地上人の文字に似てくるのである。

（第十七巻「地震の巻」第十三帖）

この帖文には「**高度の霊界人の文字として、ほとんど数字のみが使用される場合もある**」と明示されている。我々は文字に関して「言霊」という表現をしばしば使うが、高度の霊界人の場合は「数霊」という表現が相応《ふさわ》しいようだ。

なお私は、「天人」という語感からは「霊人の中でもかなり上位の霊格を持った存在」と思われると述べたが、右の帖文には「高度の霊界人の文字として、ほとんど数字のみ……」とハッキリ示されているので、私の推測通りであったことが分かる。

問題の「何故数字なのか？」については、「**数字は、他の文字に比して多くの密意を蔵している**」からだと示されているが、これが答えである。霊界人が使う「数字」には多くの意味が秘められているということだ。

人間の世界でも、賢人は「一を聞いて十を知る」という慣用句があるが、高度の霊界人の場合はそんなものではないということなのであろう。

ちなみに霊界人の霊格が下がって「**地上人に近づくに従って漸次変化し、地上人の文字に似てくる**」とあることは、本帖（第十八帖）の「天人が人民に語る時は、人民の中に来て、その人民の持つ言葉で語り文字を使うのであるぞ」と同様の意味である。

ところで高度な霊界人の文字に「数字」が多いと示されているが、我々はその最良のサンプルを知っているのである。特に本書の読者なら誰でも知っているはずなのだが、それは一体何だと思うだろうか？

お分かりだろう、答えは「日月神示の原文」である。天明たちによって「翻訳」されたものではなく、あくまで「（翻訳される前の）原文」である。原文には多くの漢数字が使われ、その他に平仮名や若干の特殊文字などが含まれている。

一例として、第一巻「上つ巻」第一帖の冒頭部分の原文を次に挙げておこう。

二二八八れ十二ほん八れ　㋹の九二のま九十の㋹のちからをあら八す四十七れる　卍も十も九も八きりたすけて七六かしい五くろうのない四かくるから　三たまを二たんにみかいて一すしのま九十を十四て九れ四

右が「原文」であるが、これを翻訳したものが次の文章なのである。

　富士は晴れたり、日本晴れ。⦿の国のまことの⦿の力をあらわす代《よ》となれる、仏もキリストも何も彼《か》もはっきり助けて、しち難しい御苦労のない代が来るから、身魂《みたま》を不断に磨いて一筋の誠を通してくれよ。

「日月神示の原文」がこのようなカタチで降ろされているのは、それが高度な霊界通信であることの証《あかし》でもある。自動書記によって原文を降ろした岡本天明自身が、初めは全く読むことが出来なかったのだから。

では最後の文節である。

　夜明け前になると霊がかりがウヨウヨ、勝手放題にまぜくり返すなれど、それもしばらくの狂言。

●夜明け前には霊がかりがウヨウヨ出る

本帖最後の文は、「**夜明け前**（＝「ミロクの世」が到来する前の時節）」になると、低級霊や邪霊、或いは動物霊などが大暴れし、これらに憑依された者（**霊がかり**）がウヨウヨ出現してあれこれ好き勝手なことをまき散らすが、それは「夜明け」に伴う一時の混乱（**狂言**）である、という意味に解される。

予言や占いなどが大好きな者は、このような「**まぜくり返し**」の渦に巻き込まれ易いので、注意が必要である。

以上が第十八帖の解説であるが、実はこのような「霊がかり」に対しては、正しく審神《さにわ》することが極めて重要である。「審神」については、第四巻「龍音之巻《りゅうおんのまき》」の中に詳細に降ろされているので、その時点で改めて取り上げる。

第十九帖

人民モノ言わなくなると申してあろうが、モノが今までのようにモノを言わなくなり、マコトの世となるぞ、天人の言葉はマコトであるから、ただ一言で万語を伝え得るぞ。言葉の生命《いのち》は愛であり、真であるから、真愛から発しない言葉はマコトの言葉でないぞ。子音と母音と組み組みて、父音《ふいん》の気を入れて始めて言葉となるのじゃ、今の人民のは言葉でないぞ、日本の古語がマコトの言葉ぞ、言霊《ことたま》ぞ。数霊《かずたま》とともに弥栄ゆく仕組。

〈考察〉

本帖も抽象的で難解であるが、全体としては「**言葉、言霊**」について述べていることは間違いない。具体的には、今我々が使っている言葉には「**マコト**」がないこと、「マコトの言葉（言霊）」になるには「**父音《ふいん》の気**」を入れることが必要である、というのが全体の趣旨であるようだ。以下、この趣旨に沿って考察する。

●モノがモノを言わなくなる

まず「**人民モノ言わなくなると申してあろうが、モノが今までのようにモノを言わなくなり、マコトの世となるぞ**」では、「モノ」が何を指しているのかが焦点である。

これについては、「モノが今までのようにモノを言わなくなった」後に「マコトの世になる」ことから考えて、人間の「智」や「学」及びこれによって構築され発展して来た「文明」全体のことだと捉えられる。

要するに「岩戸」が閉められて神の光が全く射し込まなくなったために、全ての人間が「体主霊従、我れ善し」に成り下がり、それによって育まれて来た「我れ善し文明」のことだと考えれば分かり易いだろう。

ちなみに「モノ」の代わりに「我れ善し文明」という言葉を入れて読めば次のようになって、ハッキリと意味が通じることが分かる。

人民の我れ善し文明は必ず行き詰まると申してあろう。その我れ善し文明が今までのように上手く行かなくなった後に、マコトの世（ミロクの世）が到来するのである。

「我れ善し文明」が何故行き詰まるのかと言えば、根本的には「岩戸」が閉められているからであるが、本帖では「マコト（の言葉）」がないからだと説いている。勿論、言っていることの基本的な意味は同じである。

●マコトの言葉は一言で万語を伝える

次に「**天人の言葉はマコトであるから、ただ一言で万語を伝え得るぞ**」と示され、ここから「マコトの言葉」が登場している。「一言で万語を伝える」のだから、ここで言う「天人」とは高い霊格を有する霊界人のことと捉えられる。

言うまでもなく、人間の世界では「一言で万語を伝える」ことなど夢のまた夢である。例えば国民の代表たる国会議員は、もっぱら反対勢力の「失言」や「言葉尻」を捉えて批判ばかりしているのが実態である。これなどは「万語の中の一言」だけを採り上げてこき下ろしているに過ぎず、そこには「マコト」の欠片《かけら》もない。

ところで、「一言で万語が伝わる」のは何故かというと、それは「言葉の生命《いのち》」によることだと明かされている。**「言葉の生命《いのち》は愛であり、真である」**と示されているように、「愛」と「真」から発する言葉こそ「一言で万語」を伝えることが出来るのである。

これが「マコトの言葉」であり「言霊」であって、そのよき見本は**「日本の古語」**であることまで示されている。

ここに「日本の古語」が登場しているため、それはいつの時代の言葉を指すのか？　という疑問が必然的に生ずるが、読者諸氏はどのように考えるであろうか？　これについて例えば「飛鳥時代」とか「奈良時代」、或いは「平安時代」のような時代区分を持ち込んで考えたくなるのは人の常であろうが、おそらくそれはほとんど意味がない。かく言う私自身も、初めは「時代区分」に囚われていたのであるが、これだと解読の糸口が全く見つからなかったのである。

そこで発想をガラリと替えて、「愛と真から出たマコトの言葉」が普通に話されていた時代はいつだったのか？　という観点で考えて見たところ、直ぐにピンと来たのである（これが私流の「霊的直観」の一例である）。

それは「日本の岩戸が閉められる前の時代」である。「岩戸閉め」の前は「てんし様」が統治される「原初のミロクの世」であったのであるから、そこで話される言葉（つまり日本の古語）が「マコトの言葉（言霊）」でないことはあり得ないのだ。

●言霊の真義とは何か？

次に本帖では「**言霊**《ことたま》」が登場しているので、これが意味することを少し突っ込んで考えて見たい。スピリチュアルの世界でよく「言霊」という表現が使われていることは読者もご存じだろう。大方の解釈（理解）としては、日本語の五十音には一語ずつ「霊的な力」が宿っていて、これを「言霊」と呼び、強力な言霊が発せられると奇跡的な現象が起こる、というものだと思う。

つまり、「あいうえおかきくけこ……」の言葉（文字）の一つひとつに「霊力」があるということが前提になっている。

なので、例えば「平和」という言葉には「平和（になる）」という霊力があるのだから、平和、平和……と唱えさえすれば平和になる、という理屈が成り立つことになる。或いは「世界平和」と書かれた紙を無数に印刷して世界中にバラ撒けば、その霊力によって世界は平和になる、とも言えよう。

こう言えば多くの読者は笑うだろうが、では結婚式のスピーチで「切れる、別れる、離れる」などの表現をしてはならないという「暗黙の共通認識」をどう説明するのか？

おそらく大多数の者が「それは縁起が悪い」からだと言うだろう。ご祝儀として贈るお金でさえ2万円や4万円のようにスパッと割り切れる偶数の金額はダメで、3万円とか5万円のように奇数の金額にするのが常識とされているくらいだ。

ここまで縁起を担ぐのは、そのような言葉を発すると、それが「実現」するという深層心理があるからであろう。つまり心の深い所では、「切れる、別れる、離れる」という「言霊」の力によって実際にそうなるに違いない（或いは、少なくとも悪い影響を与える）と思っているからではないか。

しかし、である。本帖には「言霊」とは「愛と真から出たマコトの言葉」であり、それによって「言葉が生命《いのち》を持つ」と明示されているのである。つまり「言霊」とは、言葉そのものに宿る霊力ではなく、言葉を発する者のマコト（愛と真）によって生命を持つ（＝霊的な力が放たれる）ということなのだ。日月神示が教える「言霊」の真理はこのようなものである。

よって、「世界平和」と印刷された紙をどれだけ大量に刷ってバラ撒いたとしても、その言霊で世界が平和になることは絶対にない。ゴミが増えて環境が汚れるだけである。

●子音と母音を組んで「父音《ふいん》の気」を入れて言葉となる

さて「子音と母音と組み組みて、父音《ふいん》の気を入れて始めて言葉となるのじゃ」に移ろう。ここでは「子音、母音、父音」という三つの言葉が登場しているが、「父音」は他の二つ（子音、母音）と異なる意味で使われていることに注意が必要だ。

まず「子音と母音と組み組みて」というのは、「子音と母音を組み合わせて日本語（五十音）が出来る」という意味であると解される。これは学校でも習うが、母音とは「アイウエオ（aiueo）」であり、子音は「kstnhmyr」とされている。

「子音」と「母音」を組み合わせるとは、例えば「子音k」と「母音a・i・u・e・s」が組み合わさることで、「カ（ka）キ（ki）ク（ku）ケ（ke）コ（ko）」が出来上がるということである。同様のことを他の子音で繰り返せば、日本語の「五十音」が完成する。

この五十音が集まって色々な言葉が出来るが、本帖文では「父音《ふいん》の気を入れて始めて言葉となる」という重要な条件が付されている。つまり「マコトの言葉」になるためには「父音の気」が入らなければならないということであるから、ここでいう「父音」とは「母音」と「子音」とは異なる明らかに「別の何か」であることが分かる。

では「別の何か」である「父音の気」とは何であろうか？　これについては、帖文をよく読めば理解出来るようになっている。つまり「父音《ふいん》の気を入れて始めて言葉となる」とは、要するに「父音が入ってマコトの言葉になる」ことと同じことであるから、「父音の気」とは「マコトの気（＝真愛の気）」でなければならないということなのだ。

つまり、「母音」と「子音」で出来た言葉に「マコト（真愛）」を入れるものであるから、「父音の気」は「、」であることが明らかになるのである。何故なら、「、」は人間の「真我」であって「真、善、美、愛」という性質と働きを有しているからである。また同時に、このような「マコトの言葉」を発することが出来る者は、当然、「霊主体従」の身魂であることも分かって来るはずだ。

このように理解することによって、「**今の人民のは言葉ではないぞ**」の意味も明らかになる。要するに神は、「今の人民の言葉にはマコト（、、真愛）がない」と指摘しているのである。その理由は極めて単純なことであり、要するにほとんど全ての人民は「体主霊従」の性来に堕ちているからに他ならない。

最後に「**言霊**《ことたま》」と「**数霊**《かずたま》」が「**弥栄ゆく仕組**」だと示されているのは、それらが「マコト」に裏付けられているからである。

第二十帖

人民が正しく言葉すれば、霊も同時に言霊するぞ、神も応《こた》え給うのであるぞ。始め言葉《ことば》の元があるぞ、ムムムムムウウウウウ、、、、、アと現われるぞ、神の現われであるぞ、言葉は神を讃えるものぞ、マコトを伝えるものぞ、共に鳴り、共に栄えるものぞ。

〈考察〉

本帖も「言葉、言霊」がテーマであり、極めて深遠な内容である。

●人民のマコトの言葉は霊にも神にも届く

冒頭に「**人民が正しく言葉すれば、霊も同時に言霊するぞ、神も応《こた》え給うのであるぞ**」とあるのは、人民が「正しい言葉」つまり前帖（第十九帖）に登場した「マコトの言葉（言霊）」を発すれば、地上世界のみならず「霊」の世界にも届き、それどころか「神」もこれに応えることを説いたものである。つまり「マコトの言葉（言霊）」を発すれば三千世界にまで届き拡散するということである。

何故そうなるのか？　ということについても前帖（第十九帖）で考察した通り、「マコトの言葉」には「**父音の気（ゝ）**」が入っているからである。

なお、人民が「正しい言葉（＝マコトの言葉）」を発するには、「黙読」よりは「直接声に出す（つまり音読）」が適していることは、日月神示においても指摘されていることである。そのことを示した神示を一例挙げておこう。

この神示皆に読みきかしてくれよ。一人も臣民おらぬ時でも、声出して読んでくれよ、臣民ばかりに聞かすのでないぞ、⦿⦿様《かみがみ》にも聞かすのざから、そのつもりで力ある誠の声で読んでくれよ。

（第二巻「下つ巻」第八帖）

日月神示は国祖様（国常立大神）が降ろされた神典であるから、紛れもない「マコトの言葉」のカタマリである。それを臣民ばかりではなく⦿⦿様《かみがみ》にも聞かせるために「声を出して読め」と教えていることがよく分かる帖文である。

●始めに「言葉の元」がある

次は「**始め言葉《ことば》の元があるぞ、ムムムムムウウウウヽヽヽヽアと現われるぞ、神の現われであるぞ**」について考えよう。注目すべきは、「始め言葉の元」があって、「ムムムムウウウウウヽヽヽヽヽア」と「言葉」となって現われるが、それは「神の現われ」だと明言していることである。つまり「言葉」とは、本来「神の現われ」なのである。

では「神の現われ」とは何か？　と言うことになるが、それは「無（霊的世界）」から「有（物質世界）」が生まれることであろう。先の「ムムムムウウウウヽヽヽヽア」とは、「ム（無）」から「ウ（有）」になり、その最初が「ア」という言葉なのだと捉えられる。「ア」は言うまでもなく「母音」の始めの言葉である。

ただここで大きな違和感を覚えるのは「……ウウヽヽヽヽヽ」と「ヽ」が五個も連続して登場していることである。通常「ヽ」は神文字「⦿」の「ヽ」と理解されるが、本帖ではこの解釈では意味が通じない。

そこで私は、この五個の「ヽ」は単に「同じ」という意味を表す記号（のような言葉）だと考えたい。実際に「ヽ」は「同じ」という意味で使われているのである。パソコンやワープロで「同じ」と入力し文字変換すると、必ず「ヽ」がヒットする（これ以外にも、〳、々、〃、仝などが「同じ」の意味として使われている）。読者も確認して欲しい。

このように考えれば、「ウウウウウヽヽヽヽヽ」とは「ウウウウウウウウウウ」と同じことであって、先の「ムムムムムウウウウウ丶丶丶丶丶ア」は「ムムムムム↓ウウウウウ↓ア」となる。

私は何も言葉遊びをしているのではない。これが何を意味するかというと、「ム（無、霊的世界）」から「ウ（有、物質世界）」を生むことは、神にとっても大変な大事業であることを示している、ということなのだ。そのことを「ム」、「ウ」、「丶」の連続によって表しているのであり、その最後に現出したのが「最初の言葉」である「ア」なのである。

何もない所（ム）から、エイヤーとかガラガラポンと一瞬で「ウ（有→物質世界）」が生ずるのではない。「世の元の大神」様の御意志が発動し、無限とも思えるほどの多くの段階を経て（つまり霊的に徐々に低い段階へと至り）、やっと最初の言葉（ア）が生まれ、ここから物質世界が拡大していったということである。

無限に近い段階を経るからこそ、人間の言葉では「ムムムムムウウウウウ丶丶丶丶丶ア」のような表現にならざるを得ないのであり、これを「神の現われ」と述べているのだ。

それにしても、この手の神示の内容は分かるようでよく分からないというのが実感だが、これも「五十黙示録」であればこそなのであろう。

ここで本帖とよく似た帖を参照して、さらに理解を深めたいと思う。

ひふみ四十九柱、五十九柱、神代の元ざぞ。あめつち御中《みなか》ムしの神、あめつち御中ムしの神、あめつち御中ムしの神、あめつち御中ウしの神、あめつち御中ウしの神、あめつち御中あめつち御中ウしの神、あめつち御中あめつち御中ウしの神、あめつち御中ウしの神、あめつち御中ウしの神、あめつち御中あめつち御中天地《あめつち》御中ムしの神、天地《あめつち》御中ヌしの神。天地《あめつち》のはじめ。

（第二十一巻「空の巻」第三帖）

ここに取り上げた第二十一巻「空の巻」第三帖の冒頭部分の特殊文字は全部で十五個もあり、中には「◉」が単独で或いは他の特殊文字と組み合わされて十個も含まれている。

それとは別に、この帖文は「**あめつち御中ムしの神**」から始まって最後の「**天地**《あめつち》**御中ヌしの神**」まで、不思議な御神名のオンパレードである。しかも全てに「あめつち御中」が冠されていて、中には「あめつち御中あめつち御中」とダブル呼称の御神名もある。

これが何を意味するのか? については、私自身もこれまではよく分からなかったし、世に出ている日月神示の解説書でも、この帖について納得出来る解説は見たことがない。しかし今回、本帖(第二十帖)の解読に挑戦した結果、本帖とこの「空の巻」第三帖は、同一の神理を述べているのではないか? と思えて来たのである。

手掛かりは、「空の巻」第三帖の終わりに「**天地**《あめつち》**のはじめ**」とあることで、おそらくは「天地創造」に関わった神々の御神名が順に列挙されているのではないか? という推測が出来ることだ。対して本帖(第二十帖)は「**始め言葉の元があるぞ**」について述べているから、どちらも「創世(宇宙の創世、言葉の創世)」に関わる点で一致している。まずこれが一つ。

次に「空の巻」第三帖に登場する神々の名前をよく見ると、「ムムムウウウウウムヌ」という順で片仮名が登場しているが、これは本帖(第二十帖)の「ムムムムウウウウヽヽヽヽア」と非常によく似ていることに気が付く。つまりこれは、どちらも「ム（無、霊的世界）」から「ウ（有、物質世界）」が生まれるプロセスを述べたものではないかと思われるのである。

両者の違いは、本帖（二十帖）は「言葉の創世」を主としているから、最初の言葉（母音）の「ア」で終わっていることに対し、「空の巻」第三帖は「御神名」を主としているので、「天地御中ヌしの神」の「ヌ」で終わっていることだろう。

ちなみにこの「天地御中ヌ、しの神」が、古事記に登場する「天御中主神（アメノミナカヌ、シのカミ）」の原型であると思われる。

そうすると、「空の巻」第三帖の冒頭に登場する特殊文字は、「ム（無、霊的世界）」から「ウ（有、物質世界）」が生まれるプロセスの変化を掌《つかさど》る神々を象徴的に表しているものであると考えることが出来るように思われる。このように考えれば、ある程度合理的に解釈出来ると思われるが如何だろうか？

少し長くなったが、以上が「言葉の創世」としての「神の現われ」である。

本帖最後の「**言葉は神を讃えるものぞ、マコトを伝えるものぞ、共に鳴り、共に栄えるものぞ**」については、特段の説明は不要であろう。書いてある通りの意味であり、これが「言葉（言霊）の本質」である。

第二十一帖

言葉は生まれ出るものぢゃ。まず言葉され、歌となり、文章となり、また絵画となり、彫刻となり、建築となり、また音楽となり、舞踊となり、あらゆる芸術の元となるのであるぞ。神に通ずればこそ、愛であり、真であり、善であり、美であり、喜びであるぞ、喜びなきものは芸術でないぞ、今の芸術は死の芸術、魔の芸術。

〈考察〉

●今の芸術は死の芸術、魔の芸術

言葉（言霊）の真義については、第十九帖、二十帖において考察して来た通りである。言葉は「ム（無、霊的世界）」が「ウ（有、物質世界）」に顕現して発生した「神の現われ」であり「マコト」であり、本来、「神を讃えるもの」であった。

人間の文明は言葉がなければ発生も発達もしなかったが、本帖では特に「芸術」について述べられているのが特徴である。「（言葉は）**あらゆる芸術の元となるのであるぞ**」がそのことを示している。

言葉が生まれ、まず「**言語され**（文字などカタチのあるものになり）」、それによって「**歌**」が生まれ「**文章**」が書かれ、「**絵画**」となり、「**彫刻**」、「**建築**」、「**音楽**」、「**舞踏**」などあらゆる芸術へと拡大発展したと説かれている。

ところが本帖の最後には、「**今の芸術は死の芸術、魔の芸術**」とある。何ともおそるべき指摘であるが、その理由は「**喜びがない**」からだと言う。そして「喜び」とは「**神に通じる愛、**

真、善、美」があることであるから、「死の芸術、魔の芸術」とはこれらがないものを指していることは明らかである。

大局的に見れば、「今の芸術」に「真、善、美、愛」がないのは、五度に亘る「岩戸閉め」によって神の光が全く射し込まなくなり、全ての人間が「体主霊従、我れ善し」になってしまったことが根本的な原因であることは明白である。

●天明は絵描きになれ

ところで、神は何故「芸術」に特化した帖を降ろしたのであろうか？　私は個人的に、岡本天明が元々画家であったことが背景にあると思っている。少し横道に入るが、このことについて補足しておきたい。

天明が元来「画家」であったことは、日月神示を知る者にとってはほとんど常識であろう。天明の画家としての才能開花は非常に早く、最初の個展はなんと十七歳の時に開かれたという。「天明」の名も、元々は画家としての「雅号」であったのである（本名は岡本信之《のぶゆき》という）。

天明が日月神示の初発を自動書記することが出来たのも、画家の習慣として、外出の際はいつも写生用の矢立てと画仙紙を持ち歩くことが多かったからである。

日月神示を降ろすようになってからの天明は、画家としての側面を潜《ひそ》めていたようであるが、実は死の4年前になってから、天明は突然画家の活動を再開し、何と合計十五回にも及ぶ個展を開いている。と言うのは、天明の描くクレパス画が美術界の絶賛を浴びたからであり、十五回の個展のうち五回は海外でも開かれている。ニューヨークとアルゼンチンで各二回、台湾で一回という具合だった。

また、イスラエルのテルアビブ美術館にも、天明の二枚の画が「シントー（神道）アート」として展示されるなど、最晩年における天明の画家としての活動は、まるでロウソクの火が最後の輝きを放つような感さえ与えるものだ。

そもそものきっかけは、病床に就くことの多くなった天明が、三典夫人に十二色のクレヨンを買って来させ、少年のようにクレヨン画を描き始めたことだったという。そのクレヨン画があまりにも美しかったので、三典夫人が二十四色のクレパスに買い替えたところ、天明は喜んでクレパス画を描き続けたのである。

天明の作品を世に出したのは、三典夫人の功績であった。彼女が天明のクレパス画を東京の知人に見せたことがきっかけとなって、美術界の識者に広く知れ渡るようになり、それが個展開催へと発展していったのである。

それにしても、病床に臥《ふ》し勝ちだった天明のクレパス画が、僅か4年間でこれほど反響を呼んだことは正に奇跡である。そこにはやはり「神の計らい」があったように思われる。

次の神示をご覧頂きたい。

天明は絵描きとなれ、絵描《か》いて皆にやれよ、弥栄となるぞ、やさかいやさか。
（第二十巻「梅の巻」第二十一帖　昭和二十一年十二月十四日）

右の神示は昭和21年12月の降下である。一方「五十黙示録」の降下は昭和36年5月からであるから、神は実に15年近くも前に、天明を名指しして「**絵描きとなれ**」と指示していたことになる。

ただ、考えて見ればこの神示の内容は少し奇妙なのである。「因縁の身魂」としての天明の役割は、自動書記によって「日月神示を降ろすこと」であったが、神はそれを「止めろ」とは言わず、単に「絵描きとなれ」と述べているからだ。

天明がこの神示をどのように受け止めたかは分からないが、しかし、最晩年になり病床に臥すようになってから「絵描き」を再開するとは、天明自身、夢にも思っていなかったであろう。

何れにしろ、先の神示を「預言」と見れば、見事に成就したことになる。

「芸術」に関する神示はまだある。次に挙げる2例もそうである。


美の門から神を知るのが、誰にでもわかる一番の道であるぞ。芸術から神の道に入るのは誰にでも出来る。この道理わかるであろうが。

（第二十四巻「黄金《こがね》の巻」第七十七帖）


真理は霊、芸術は体であるぞ。正しき芸術から神の道に入るのもよいぞ。説くのもよいぞ。芸術の行き詰まりは真理がないからぞ。芸術は調和。七つの花が八つに咲くぞ。

（第二十四巻「黄金《こがね》の巻」第八十三帖）

右の二つの神示は、**「美の門（＝芸術）から神の道に入るのは誰でも出来る……、それもよいぞ、説くのもよいぞ」**とあるように、天明の描くクレパス画が「芸術」として「神の道」に通ずるものであることを暗示しているように思われる（勿論、一般論としても成り立つが）。神は晩年の天明に「真の芸術」を教え、「絵描き」として最後にそれを果たす（遺《のこ》す）ように計らったのではないか？　と考えるのは少し人間心に過ぎるだろうか？

第二十二帖

アとオとウは天人の言《コトバ》、アとエとイは天使の言《コトバ》、人民に与えられた元の言《コトバ》であるぞ、五柱の元津《もとつ》太神が十柱《とはしら》の夫婦神と現われ、十柱の御子《みこ》と交わって五十神と現われるのぢや。故に五十神の中の三十二神は新しく生まれるのぢや。さらに二十七神とはたらき、また二十五有法とはたらくぞ。

〈考察〉

極めて難解である。本帖は「言《コトバ》」を「神」と捉え、「**五十神（五十音）**」が生まれたプロセスを説いたものであることは推測出来るが、具体的な内容についてはよく分からないというのが本音である。

特に後半の「**故に五十神の中の三十二神は新しく生まれるのぢゃ。さらに二十七神とはたらき、また二十五有法とはたらくぞ**」に至っては、解読の手掛かりさえ見出せない状況と言うしかない。従って、現段階で考えられることを述べるに留めるしかない点をご了承頂きたい。

冒頭に「**アとオとウは天人の言《コトバ》、アとエとイは天使の言《コトバ》**」と示されている。これを纏めると「ア、オ、ウ、エ、イ」であるから、日本語の「母音」であることが分かる。

「天人の言《コトバ》」と「天使の言《コトバ》」とあるのは、おそらく神（霊）格の順位（神、霊人？）に対応していることを示し、「ア、オ、ウ」→「ア、エ、イ」がその順になるのではないかと思われる。

ここで「ア」が共通して（ダブって）いるのは、これも推測だが「ア」が母音としての最初の音（つまり最も根源的な音）であることから、「天人の言《コトバ》」、「天使の言《コトバ》」と分類した場合においても、どちらにも不可欠の音であるというのが理由ではないだろうか？

何れにしても、「ア、オ、ウ、エ、イ」の五音が、「**人民に与えられた元の言《コトバ》**」、つまり「母音」であることを指していると思われる。そしてこの「元の言《コトバ》（母音）」から最終的に「五十神（五十音）」が生まれるというプロセスが見えて来るようである。

そのプロセスが「**五柱の元津《もとつ》太神が十柱《とはしら》の夫婦神と現われ、十柱の御子《みこ》と交わって五十神と現われるのぢゃ**」という部分であることは間違いないが、この文章の意味がよく分からないのである。

文面通り解釈すれば、「五柱の元津《もとつ》太神が十柱《とはしら》の夫婦神と現われた」のであるから、ここで神の数は「十（柱）」ということになる。次いで「十柱《とはしら》の御子と交わって五十神と現われるのぢゃ」とあるが、しかし「十柱の夫婦神」と「十柱の御子」が交わったのなら、十×十で「百柱（の神）」が現われなければならないはずであり、「五十柱」では計算が合わない。

それよりも何よりも、「夫婦神」が「御子」と交わるなど、余りにも不自然ではないか？という疑問が生ずる。言葉は悪いが、これではまるで近親相姦のようである。

やはり本筋は「五柱の元津太神」が「十柱の御子」と交わって「五十柱」と現われると解すべきであると思われる。「五柱の元津太神」が「アオウエイ」の「母音」に相当し、「十柱の御子」が「子音」に相当すると捉えれば、これらが交わって「五十音」となることは頷けるからである。

さらにこの場合、「十柱の夫婦神」の役割を「十柱の御子」を生むことだと捉えれば、矛盾は解消されるのである。以上を整理すると、次のようになる。

◎「五柱の元津太神」が陰・陽の働きによって、「十柱の夫婦神」と現われた。
◎「十柱の夫婦神」から「十柱の御子」が生まれた。
◎「五柱の元津太神」が「十柱の御子」と交わって「五十神」が生まれた。

どうしてこのような面倒なプロセスを経るのかと言えば、それは何度も述べているように、エイヤ!とかガラガラポンで「言葉」が生ずるのではなく、第二十帖に登場した「ムムムムウウウウウヽヽヽヽア」のようなプロセスが必要であるからだろう。

本帖最後の「**故に五十神の中の三十二神は新しく生まれるのぢゃ。さらに二十七神とはたらき、また二十五有法とはたらくぞ**」については、前述の通り、現段階では解読の手掛かりが得られていない（ただし「二十五有法」については第五巻「極《きわ》め之巻」第九帖にも降ろされているので、その段階で考察する）。
今後の研究テーマとさせて頂くが、読者の中で何らかの情報をお持ちの方がおられれば、是非ご教示賜りたくお願い申し上げる。

第二十三帖

ニニの二の五つの今あけて、よろず因縁出づる時来ぬ。天の理が地に現われる時が岩戸あけぞ、日本の国が甘露台《かんろだい》ぢや。

〈考察〉

●天の理が地に現われる時が「岩戸あけ」

本帖は「**岩戸あけ**」即ち「岩戸開き」の中心地が「日本」であることを示したものと解される。

「**二二の二の五つの今あけて**」という一節において、「二二の二の五つ」が具体的に何を指しているのかは後述するとして、ただそれが「今あけて」、その結果「**よろず因縁出づる時来ぬ**」とある以上、これは「岩戸」が開けて「メグリ（つまり「よろず因縁」）」が出る（つまり「清算しなければならない」）時が来たことを意味していると解される。

またこの「岩戸あけ」のことを、「**天の理が地に現われる時**」とも説いているが、天を「、」、地を「〇」と捉えれば、「〇に、が現われる」こと、つまり「、」と「〇」が結ばれて「⦿」になることだと考えられる。

もう一つの捉え方としては、「天の理」は「神理」のことであるから、「神理」を説いたもの（神典）が地に降ろされる時が「岩戸あけ」である、と解することも可能である。この場合、神理を説いた神典が「日月神示」であることは言うまでもない。

いずれにしろ、「天の理」が現われる地とは神国日本のことであることは当然である。

そこで保留しておいた「二二の二の五つ」についてであるが、これについては私も確信が持てるほどの解釈には至っていないことをお断りした上で、現段階で考えられることを述べておきたい。

まずこの部分は「岩戸あけ（つまり「岩戸開き」）」について述べていることは確かであるから、「五つ」は「五度に亘る岩戸閉め」を指していると解釈出来るのではないか？　と考えられる。次に「二二」は「フジ」と読めるから、「フジ」→「富士」→「日本」と捉えれば、日本に仕掛けられた「五度の岩戸閉め」が「あける（開ける）」と解くことが出来ると思われる。

そして最後に残った「二二の二」の「二」であるが、実はこれが最も難問である。手掛かりとしては、「二二（フジ→日本）」と「五（五度の岩戸閉め）」に関係する「二」であることだが、これについては日本に仕掛けられた「五度に亘る岩戸閉め」が「神界」と「地上世界」に分けられることが根底にあるのではないかと思われる。

つまり、「岩戸閉め」の内訳は「日本の神界で三度（最初の岩戸閉め～三度目の岩戸閉めまで）」であり、地上世界の日本では「二度（四度目と五度目の岩戸閉め）」生起しているのであるから、「二」とは地上世界の日本で起こった「二度の岩戸閉め」を指していると捉えれば、一応、矛盾なく意味は通じると思うのである。

よって「二二の二の五つ今あけて」を全体的に解釈すると、「地上世界の日本に仕掛けられた二度の岩戸閉めが今開けられる時節となったが、同時にそれば、神界まで含めた合計五度の岩戸閉めが開けられる時節である」のようになるのではないか？

これが現段階における解釈であるが、さらに研究の余地はあると考えている。

●日本国は甘露台《かんろだい》である

ところで、本帖では日本の国のことを「甘露台《かんろだい》」とも呼んでいるが、この意味について考えて見たい。まず「甘露」は次のように説明されている。

甘露《かんろ》とは、中華世界古代の伝承で、天地陰陽の気が調和すると天から降る甘い液体。後世、王者が高徳であると、これに応じて天から降るともされ、また神話上の異界民たる沃民はこれを飲んでいるとされている。後にインドから仏教が伝来するとインド神話の伝承で不死の霊薬とされたアムリタを、漢訳仏典では中国の伝承の甘露と同一視し、甘露、あるいは醍醐と訳すようになった。

（「Wikipedia」より）

このように「甘露《かんろ》」とは「**天から降る甘い液体**」が原意とされているが、重要なことは「**天地陰陽の気が調和する**（或いは**高徳の王者の存在**）」という前提条件がついていることだ。これは正に、本帖で言うところの「天の理が地に現われる」ことに通じるものである。

次に「甘露台《かんろだい》」であるが、これは日月神示の先行霊脈の一つである「天理教」の中心地「ぢば」に造られた「甘露を受ける台」を指しているように思われる。「甘露台」については、インターネット上の天理教ホームページにおいて次のように説明されている。

> 元初《もとはじ》まりに、人間を宿し込まれた地点を「ぢば」といいます。すなわち、全人類の故郷であることから、ぢばを中心とする一帯を「親里《おやさと》」と呼びならわしています。ぢばに親神様《おやがみさま》がお鎮《しず》まりくだされ、天理王命《てんりおうのみこと》の神名《かみな》が授けられています。このぢばを囲んで、陽気ぐらしへの世の立て替えを祈念する「かぐらづとめ」が勤められます。
> 人間宿し込みの元なるぢばに、その証拠として「かんろだい」が据えられ、礼拝の目標《めどう》となっています。人々の心が澄みきって、親神様の思召《おぼしめし》通りの「ようきづとめ」を勤めるとき、この台に、天から甘露《かんろ》（天の与え）が授けられます。これを頂くと、人は皆、病

まず死なず弱らずに、115歳の定命《じょうみょう》を保ち、この世は陽気ぐらしの世界となる、と教えられてます。

また、かんろだいは、人間の創造と成人の理を表して形造《かたちづく》られています。

これが「天理教」が説く「甘露台」の内容である。「**人々の心が澄みきって、親神様の思召《おぼしめし》通りの『ようきづとめ』を勤めるとき、この台に、天から甘露《かんろ》（天の与え）が授けられます**」と説明されているが、これもまた「天の理が地に現われる」ことに通じるものだ。

また「**これを頂くと、人は皆、病まず死なず弱らずに、115歳の定命《じょうみょう》を保ち、この世は陽気ぐらしの世界となる**」と示されているが、これなどは日月神示が説く「ミロクの世」の様相によく似ていることが注目される。

いずれにしろ、日本が真の意味で「甘露台」となるためには、「岩戸あけ（岩戸開き）」がその前提条件であることに変わりはない。

同時に「岩戸あけ」のためには、人民一人ひとりの「身魂磨き」が不可欠であることを忘れてはならない。

第二十四帖（欠帖）

〈著者注〉

第二十四帖については、岡本天明が「訳者から」と題された手記の中で、「**また、第三巻の第二十四帖は未発表のため、欠帖となっております**」と記している。「未発表」とは神が発表していないこと、つまり天明自身は自動書記していないことだと思われる。ただその理由は明かされておらず不明である。

私が底本としている『[完訳]㊉日月神示』（ヒカルランド刊）において、第二十三帖の次が第二十五帖になっているのはこのような理由によるものであって、編集上のミスではないことを承知されたい。

第二十五帖

歓喜に裁きのないごとく、神には裁きなし。裁き説く宗教はいよいよ骨なしフニャフニャ腰となるぞ、戒律や裁きは低い段階、過去の部分的一面に過ぎん、裁きを説くのは自分で自分を裁いていること、人民に罪なし。

手長手伸《たながてのし》堅磐《かきは》常磐《ときは》に祝う御代《みよ》なる。
生井《いくゐ》栄井《さかゐ》津長井《つながゐ》阿須波《あすは》比支《いき》たたえましを。
底《そこ》つ岩根《いわね》千木《ちぎ》高く瑞《みず》の御舎《みあらか》。
四方《よも》の御門《みかど》五方《いつも》とひらき宇都《うづ》幣帛《みてくら》を。
御巫《かむなぎ》の辞竟《ことお》へまつる生足《いくたる》御国《みくに》。
塩沫《しおなは》の留る限り皇国《みくに》弥栄《やさか》ゆ。
海原の辺にも沖にも神つまります。
天の壁地《くに》の退立《そぎた》つ極み手伸《たの》しき。

八十《やそ》綱《つな》を百綱《ももつな》とかけてさし給わむ。

〈考察〉

●裁きを説く宗教はフニャフニャ腰になる

本帖では初めの三行ほどの帖文が通常の形で神理を降ろしたものであり、残りの全ては「片歌」である。これまでにも片歌が含まれている帖はかなりの数が登場しているが、一つの帖に九首もの片歌が入っているのは珍しいと言えよう。

なお、私が底本としている『［完訳］㊉日月神示』（ヒカルランド）では、本文と片歌の区別がないまま連続して記述されているが、これでは非常に分かり難いため、本書では私の責任において区分して表示していることを付け加えておく。今後「片歌」が登場している時は、このような形式にするので承知されたい。

まず冒頭の帖文（三行）について考察すると、これは明らかに「**裁き**」について述べたものであるが、「**歓喜に裁きのないごとく、神には裁きなし**」と示されているように、本来「裁き」

ということはないことが明示されている。

現在の地上世界では、何処の国にも「裁き（裁判）」があるが、これから先、「岩戸開き」が全て成り「ミロクの世」が到来・成就すれば、勿論そこに「裁き」は無くなる。このことは私が勝手に言っているのではない。日月神示にもチャンと示されているのである。次のように。

裁判所《しらす》いらんぞ、牢獄《ろうや》いらんぞ、法律いらんぞ、一家仲ようしたらいらんのぢや、国も同様ざぞ、そんなことすれば世の中メチャクチャぢやと申すであろうが、悪人が得すると申すであろうが、誰も働かんと申すであろうから、与える政治ダメぢやと申すであろう、人間の小智恵《こぢえ》ぢや、そこに人間の算盤の狂うたところ気づかんか

（第十八巻「光の巻」第四帖）

右の神示は神が「ミロクの世」の実相の一部を教示したものであるが、ご覧のように「**裁判《しら》所《す》いらんぞ、牢獄《ろうや》いらんぞ**」とハッキリ示している。それどころか「**法律いらんぞ**」とまであるが、これらが成り立つのは「ミロクの世」が「**与える政治**」を基本とするからである。

しかしながら、このような世界が来るべき「ミロクの世」だと言われても、「はいそうです

か、分かりました」などと俄かには言えないであろう。何故なら、今現在我々が暮らしているこの地上世界とあまりにもかけ離れた世界であるからだ。やはり「**そんなことすれば世の中メチャクチャぢゃと申す**」のが相場であるはずだ。

だが、神はそれが「**人間の小智慧《こぢえ》**」であって、「**人間の算盤の狂うたところ**」だとズバリ指摘しているのであるから、我々はこの重みを真剣に受け止めなければならない。

本帖に戻って「**裁き説く宗教はいよいよ骨なしフニャフニャ腰となるぞ**」とあるのは「宗教と裁き」の関係を述べたものである。現在の地球上にある宗教の多くは「善悪二元論」の立場に立ち、最終的には「悪」が破れて神の「裁き」を受け、地獄に落とされるというような教義を基本としているようだが、しかしそのような宗教は「いよいよ骨なしフニャフニャ腰となる」と言うのである。要するに「無意味、役立たず」どころか、むしろ「有害」になるということだろう。

ここで「いよいよ……なる」とあることに注意して頂きたい。これは「岩戸開き」の進展に伴って、段々とそのようになって行くということであり、あっという間に(瞬間的に)変わるということではない。「身魂磨き」が深化進展した者にとっては、その度合いによって、これまでの宗教は形骸化して行くと言い換えてもよいだろう。

このような状況が進展するに従い、「**戒律や裁きは低い段階、過去の部分的一面に過ぎん**」という神理が実感として理解されて来るのであり、それはまた同時に「**裁きを説くのは自分で自分を裁いていること**」であったことに気付く段階でもある。

最後の「**人民に罪なし**」という短い一節は、「本来人民に罪なし」ということであって、以上述べたことを総括したものであろう。「罪」と見えるのは、「悪の仕組（＝悪の御用）」によって、神理の目が塞がれていたからなのである。

●何故九首もの「片歌」が登場しているのか？

さて九首の「片歌」であるが、これはほとんどが新世界（ミロクの世）の到来を寿《ことほ》ぐ内容のようである。既に見て来たように、片歌は第一巻「扶桑《ふそう》之巻」にも合計十四首が降ろされている。

日月神示に「片歌」が登場するのは「五十黙示録」の中だけではなく、あちこちの巻（帖）

に登場しているのである。その中でも第二十四巻「黄金《こがね》の巻」第四十四帖は圧巻であり、驚くなかれ、実に「71首」もの片歌が連続して降ろされている。興味深いのは、この帖の始めに「何故片歌を降ろすのか？」その理由についても示されているので確認しておこう。

奉《たてまつ》る歌書かしておいたに何故読まんのぢゃ。大き声で読み上げよ。歌うたい呉《く》れと申してある時来ているぞ。歌でイワトひらけるぞ。皆歌え唄え。各《おの》も各も心の歌つくって奉《まつ》れよ。歌結構ぞ。

（第二十四巻「黄金《こがね》の巻」第四十四帖）

この帖文から分かるように、神が降ろす「片歌」は祝詞と同じように「言霊」となるものである。「**歌でイワトひらけるぞ**」とか「**皆歌え唄え**」、或いは「**各《おの》も各も心の歌つくって奉《まつ》れよ**」とあるのは、これ故《ゆえ》であろう。

これが日月神示に「片歌」が登場する一般的な説明（理由）であるが、実はもう一つ、岡本天明が片歌の熱烈な愛好家であり、また普及のための運動家でもあったことが大きな背景要因であったことは間違いないと思われる。考えるまでもなく、「片歌」など何も知らない者に

「皆歌え唄え」とか「心の歌つくって奉《まつ》れよ」などと神が指示する訳がないからである。

ただ私は、これ以外にも要因があると考えている。それは晩年の天明が大病を患ったことと無関係ではない。天明は「グラビッツ腫瘍（腎細胞がん）」に罹って腎臓を一つ摘出しているが、その後も予後不良が続き、寝たり起きたりの療養生活を余儀なくされていたのである。

このように病弱であった天明にとって、五十黙示録を取り次ぐ（自動書記する）ことは大変な肉体的負担を伴うものだったに違いなく、五十黙示録の中に「片歌」が多く降ろされているのは、神から天明に対するせめてもの労《ねぎら》いと励ましの意味があったのではないか？　と考えたくなる。

特に最後の帖（第二十五帖）に九首もの片歌が一度に降ろされているのは特筆すべきことであり、この時の天明の体調はかなり悪かったのではないか？　と思いたくなるところだ。

もしかすると神は、天明に9首の「片歌」を贈り、体調がよくなるまで休ませたのかも知れない。このように推測するのは、五十黙示録の各巻が降ろされた時期を見てのことである。次をよくご覧頂きたい。

第一巻「扶桑之巻」↓昭和36年5月5日
第二巻「碧玉之巻」↓昭和36年5月6日
第三巻「星座の巻」↓昭和36年5月10日
第四巻「龍音之巻」↓昭和36年8月3日
第五巻「極め之巻」↓昭和36年8月5日
第六巻「至恩之巻」↓昭和36年9月1日
第七巻「五葉之巻」↓昭和36年9月1日

第三巻「星座之巻」が昭和36年5月10日付けとなっているが、第四巻「龍音《りゅうおん》之巻」は同年8月3日付けであり、この間、3ヶ月近くも空いている。それに比べると他の巻はほとんど間が空いておらず、同日から数日、長くてもひと月もないのである。

このようなことから、第三巻「星座之巻」を降ろし終わる頃の天明の体調が悪化したのでないか？　と推測したのであるが、無論、他の要因による可能性もあるので、私の考え過ぎかも知れないことをお断りしておく。

以上、本帖の考察をもって第三巻「星座之巻」は終わりである。

〈第三巻「星座之巻」了〉

【第三巻「星座之巻」あとがき】

〈シホとホシをコオロコオロにかきならすことの解読――第一帖関連〉

第三巻「星座之巻」は全二十四帖からなるが、全体として比較的短い帖文が多い。しかし短いからと言って一読了解のようにはいかず、解読解釈は困難を極めるものである。私としても、これまでに得た知識や情報、或いは知見を総動員して全力で取り組んで来たところだ。

大事なことは抽象的・観念論的な帖文に秘められた神理や神仕組が何であるのか、その奥義に迫ることであり、抽象的なものを抽象的なままにしておいたのでは、取り組んでいる意味があるとは言えないと思っている。

その意味では、第一帖の「シホ、コオロコオロとホシをコオロコオロ」は格好の題材であると思う。第一帖には**「天に星のあるごとく、地には塩があるのであるぞ、シホ、コオロコオロにかきならして大地を生みあげたごとく、星をコオロコオロにかきならして天を生みあげたのであるぞ」**と示されているから、「天と地の創造」がテーマであることは容易に理解出来る。

しかし、である。その方法が「シホ（潮）」と「ホシ（星）」を「コオロコオロにかきならす」ことだとは、あまりにも現実離れした（ある意味〝ふざけた〟ような）表現であって、ちょっと読んだだけでは何のことか理解に苦しむところだ。

この部分の解読・解釈は、実は二段階に分けて考えなければならない（というのが私の見解である）。一つ目は「シホ（潮）をコオロコオロにかきならす」ことが、古事記の「天地のはじめ」に書かれているイザナギとイザナミ二神による「国生み」の描写であること。ここに気が付けば、「ホシ（星）をコオロコオロとかきならす」が天（宇宙）の創造を意味していると理解することが出来る。

そして二つ目は「国生み」にはイザナギとイザナミ二神が関わっていることから、ここには「陽、男性原理」と「陰、女性原理」の和（結び）がなければならない、ということである。つまり、「天も地も陽と陰の結び」によって生み出された、というのが「シホ（ホシ）コオロコオロにかきならす」に秘められた神理であるということだ。これが私流の解読であり解釈である。

〈同じ内容があちこちに降ろされている理由──第四帖、第五帖、第六帖関連〉

五十黙示録が難解である理由は、内容が「抽象的」、「観念論的」、「凝縮的」、「数霊的」であることに集約されるが、「星座之巻」に降ろされた第四帖、第五帖、第六帖はこれらの要素が少なく、しかも内容のほとんどが「基本十二巻」をはじめとする他の巻に登場しているものであって、比較的考察がやり易かったものである。内容的にも拙著や講演会などで述べて来たものばかりである。

ただここでふと考えてしまうのは、何故「基本十二巻」や他の巻に書かれていることが、ほとんどそのままの内容で再び五十黙示録に降ろされているのか？　ということなのだ。「それは前に読んだ」と気が付くような内容を再度採り上げることの意味は何か？　とも言い得る。

その答えはまず間違いなく「**大事なこと**」だからであろう。もっと言えば「**大事なことであるが、人民はあまり深刻に捉えていない**」からの方が正確かも知れない。故に、神の立場に立てば何度でも教え諭《さと》す必要があるということになる。

例えば第四帖に登場した「世界が行き詰まってから神のハタラキが発現する」はどうであろ

うか？　帖文には「**人民がいよいよお手上げということに、世界が行き詰まりて神のハタラキが現われるのであるぞ**」とあるが、これは要するに「一厘の仕組」が発動する時期のことを述べているのである。

何度でも言うが「(神が発動する) 一厘の仕組」は最後の最後になってからである。その時世界は「行き詰まっている」と言うが、これがどれほど凄まじいことか、悲惨なことか、ほとんどの人民は深刻に考えていないのではないだろうか？　ほとんど無関心ではないのか？

もう一つ、第六帖には「**神仕組が早くなったり遅くなったりする理由**」という趣旨の内容が降ろされているが、これは神仕組の進展成就には人民の「身魂磨き」の深化・進展の度合が決定的な影響を及ぼすことが根底にあるからである。

こんなに当たり前で分かり切ったことであるにも関わらず、多くの者が「身魂磨き」などそっちのけで、相も変わらず「日月神示＝予言書」と思い込み、「西暦〇〇年に何が起こる」のような予言年表をつくろうとしている (或いはそのようなものに大きな興味を示している)。こうなってしまうのは、神が仰っていること (神理、神仕組) を正しく理解していないからであろう。

だからこそ、神が何度も同じようなことを神示のあちこちに降ろしているのである。否、降ろさざるを得ないと言うべきであろう。

〈人民一度死んで下されよー第八帖関連〉

次に、第八帖の解釈について補足しておきたいことがある。まず関係する帖文の一部（前半部分）を再掲するのでサッと目を通して頂きたい。

人民一度死んで下されよ、死なねば甦られん時となったのぞ、今までの衣を脱いで下されと申してあろう、世が変わると申してあろう、地上界のすべてが変わるのぞ、人民のみこのままと言うわけには参らぬ、死んで生きて下されよ。

私は本文において、この帖文の意味を「立て替えの大峠の第二段階において、地球規模の超天変地異が襲来し、すべての人類が一旦肉体死を迎える」と解釈したが、これはこれで間違いないことだと確信している。

帖文の中に「**世が変わると申してあろう、地上界のすべてが変わるのぞ、人民のみこのままと言うわけには参らぬ**」とあるが、補足しておきたいのは「世界と人民が具体的にどのように変わるのか？」ということである。

これについて詳しくは、五十黙示録の後半（第六巻「至恩《しおん》之巻」、第七巻「五葉《ごよう》之巻」）に登場するが、要点だけ先取りして申せば「**半霊半物質の世界（肉体）**」に変わることになると示されている。ここでは次の帖を示しておくに留める。

マコトでもって洗濯すれば霊化される、半霊半物質の世界に移行するのであるから、半霊半物の肉体とならねばならん、今のやり方ではどうにもならなくなるぞ、今の世は灰にするより他に方法のない所が沢山あるぞ、灰になる肉体であってはならん、原爆も水爆もビクともしない肉体となれるのであるぞ、今の物質でつくった何ものにも影響されない新しき生命が生まれつつあるのぞ。岩戸開きとはこのことであるぞ

（五十黙示録第七巻「五葉《ごよう》之巻」第十六帖）

「**人民一度死んで下されよ、死なねば甦られん時となったのぞ**」に込められた神意は、このよ

うに途方もなく広くかつ深いのである。今の肉体がそのまま「半霊半物質」に突然変化するようなことではない。

〈短い帖文の中に複数のテーマがあるから解読が難しい――第九帖、第十帖関連〉

「星座之巻」第九帖と第十帖の帖文自体は非常に短いものである。特に第九帖はたった3行だけであるし、第十帖も5行ほどしかない。通常であれば、短い帖文なら含まれるテーマや内容も少ないから、これに関する考察（解説）の文章も比較的短くなるのは当然である。

しかし今回は全く状況が異なっている。たった3行と5行の考察にかなり多くのページ数を費やさなければならなかったのである。何故だろうか？

このことを具体的に説明するために、第九帖の全文を以下に再掲するので、まずは帖文をもう一度よくご覧頂きたい。

白と黒とを交ぜ合わせると灰色となる常識はもう役に立たんぞ。白黒交ぜると鉛となり鉄となり銅となるぞ、さらに銀となり黄金となるぞ、これがミロクの世のあり方ぞ、五と五では動きとれん。そなたの足もとに、来るべき世界はすでに芽生えているでないか。

（「星座之巻」第九帖）

本文でも述べたが、この第九帖全文を読んで神理や神仕組をサッと理解出来る人はまずいないだろう。極めて抽象度が高く難解極まりない。この帖文を解読・解釈する糸口は、まずこの中に幾つのテーマが含まれているのか判別することから始めなければならない。

私は第九帖には三つのテーマが含まれていると判断した。それぞれのテーマに関する帖文は以下の通りである。

・第一のテーマに関する帖文

白と黒とを交ぜ合わせると灰色となる常識はもう役に立たんぞ。白黒交ぜると鉛となり鉄となり銅となるぞ、さらに銀となり黄金となるぞ、これがミロクの世のあり方ぞ

・第二のテーマに関する帖文

五と五では動きとれん

・第三のテーマに関する帖文

そなたの足もとに、来るべき世界はすでに芽生えているでないか

このように三つのテーマに関する帖文毎に区分し、それぞれについて考察して行くことになるが、ご覧の通り、文章そのものが極めて分かり難い。唯一「第三のテーマに関する文章」だけがやや具体的で他に比し分かり易い程度である。

正直に言ってここから先は、自分のこれまでの研究から得られた知識や情報をベースとし、これに「直観」が加わってやっと進むことが出来ると申し上げておきたい。「直観が加わる」などと言うと、如何にも「神頼み」のようなイメージを持たれるかも知れないが、私はこのことを否定しない。

ただ「神頼み」と言うのは人間側の言い分だが、逆に見れば「神の導き」であり「天祐《てんゆう》」とも言い得るだろう。正直な所、私の場合はこれが無ければ「五十黙示録」全巻全帖の考察などとても出来るものではないと言っても過言ではない（あくまで「私にとって」という意味である）。

前記の「第一のテーマに関する帖文」には「**白黒交ぜると鉛、鉄、銅、銀、黄金になる**」とあるが、これだけでは何のことか全く分からない。しかし「**これがミロクの世のあり方ぞ**」とあることが呼び水となって直観的に閃いたのが、これは「（神人の）霊格の段階（レベル）」に関することだというものであった。
実際にこの直観に従って考察してみると、本文で述べた通り、全く何の矛盾もなく神仕組ともピタリと整合するものであったのである。

文章で書くとこのようになるが、さらにこのことのベースとなっているのは、人民は「身魂磨き」によって霊的な覚醒を果たし「神人」に成り行くことが出来るという神仕組である。またこれらの神人の霊格は全て同一ではなく、ピンからキリまであるという霊的真実が底流にある。

先に「直観」という言葉を使ったが、私のいう「直観」とは必要な知識や情報が必要な時に引き出されるという意味で用いている。決して「頭で考えた」ものではなく「ふと浮かんだ、閃いた」という感覚に近いものである。

「**白黒交ぜる**」についても同様である。これが「善も悪も共に抱き参らせる」という神仕組を意味していることは、「善、悪」「真我、自我」などに関する理解の蓄積があったから、直観として引き出されたものだと考えている。

このようなことから、帖文そのものは短くてもそれに関連する様々な情報を書き込まなければ、本書の読者には全く理解出来ないままで終わってしまうことになる。従って帖文が短くても、考察文はそれなりのボリウム（文章の量）になってしまうのは必然の結果なのである。

〈数字（数霊）の解読解釈の手掛かり――第十五帖関連〉

今度は第十五帖に関して補足しておきたい。この帖では「**十二人が一人欠けて十一人となる**」、「**その守護神を加えて二十二柱**」、「**二十二が富士ぢゃ、真理ぢゃ、また三であるぞ**」、「**今までは四本指八本指**」そして「**岩戸が開けたから親指が現われて五本十本となったのぢゃ**」等々、多くの数字（数霊）が登場している。

しかしながら、これらを単品で幾ら目を皿のようにして読んでも、ここに秘められた神理や神仕組が如何なるものか分かりようがないのが実態である。

実際、このような数字（数霊）が多く登場することが「五十黙示録」を難解なものにしている大きな理由の一つであるが、しかし解読の手掛かりが全くない訳ではない。五十黙示録第一巻「扶桑《ふそう》之巻」と第二巻「碧玉《あおたま》之巻」には、解読解釈のための重要なヒントが降ろされているからである。本文でも述べたが、非常に大事なことなので再掲しておこう。

五十の足がイツラぞ、イツラでは動きとれん。四十九として働いてくれよ、真中の一は動いてはならん。真中動くでないぞと申してあろうがな

（第一巻「扶桑《ふそう》之巻」第十一帖）

百は九十九によって用《はたら》き、五十は四十九によって、二十は十九によって用《はたら》くのであるぞ、この場合、百も五十も二十も、天であり、始めであるぞ、用《はたら》きは地の現われ方であるぞ

（第二巻「碧玉《あおたま》之巻」第十九帖）

右の2例の神示によれば、「**天**」である「**五十**」も「**百**」も「**二十**」もそれ自体では動きがとれないため、「**地**」に現われる時は、それぞれ「（動いてはならない）**真中の一**」を除く「**四十九、九十九、十九**」によって動く、用《はたら》くと示されている。

これ自体もかなり難解ではあるが、言わんとしていることは理解出来るであろう。要するに「神仕組はこのようにして用《はたら》く」と教示しているのであるから、我々はこれを「大元の前提」として受け止めておくことが必要なのである。

数字（数霊）に関しては、このような「大元の前提」を把握しておけば、その後登場する数字を含む帖やピースの解読の道筋が見えて来ることが多いのは確かである。そうでなければ、私などにはとても五十黙示録を解読解釈することは無理である。

なお**「四本指八本指」**と**「五本十本」**に登場する**「四、八」**と**「五、十」**については、ここで繰り返し説明する必要はないであろう。これも数字（数霊）に込められた「大元の前提」の一つであると捉えられる。

〈「松」は何故特別なのか？――第十七帖関連〉

第十七帖の考察において「**松食《お》せよ、松食せばわからん病治るのぢゃぞ、松心となれよ**」（第十三巻「雨の巻」第十四帖）を取り上げ、「松」は特別な植物であるようだと述べたが、実はその理由を明記している別の巻（帖）があるので、それを紹介しておきたい。次のものだ。

火と水と組み組みて地《つち》が出来たのであるぞ、土の饅頭《まんじゅう》の上に初めに生《は》えたのが松であったぞ。松は元の木ざぞ、松植えよ、松供えよ、松神籬《ひもろぎ》とせよ、松玉串《たまぐし》とせよ、松食《お》せよ、いつも変わらん松心となりて下されよ。松からいろいろな物生み出されたのぞ、松の国と申してあろがな。

（第十一巻「松の巻」第十六帖）

この帖文には「**初めに生えたのが松**」、「**松は元の木**」或いは「**松からいろいろな物生み出された**」などと記されている。松が特別であることはこのことからも明らかである。もっとも「特別」であるとは「霊的世界」にその根源があることは当然である。

また、この特別な「松」については、第十一巻「松の巻」に降ろされていることも、勿論、偶然ではないだろう。

〈人間の言葉は一語で一語以下しか伝えられない――第十八帖、第十九帖、第二十帖関連〉

「星座之巻」第十八帖から第二十帖までの3つの帖は、いずれも「言葉、言霊」に関するものであって、内容も観念論的なものが多く、少し分かり難《にく》かったかも知れない。

しかし「言葉」は我々には絶対になくてはならないものであり、その本質を理解することは極めて重要である。

日月神示は「**マコトの言葉**」という表現でその本質を教えているが、ひと言で申せば、それは「**愛と真**」から発せられたものであるということになる。文字で書くことは簡単だが、実際に「愛と真に満ちた言葉」を発することは至難であると言わなければならない。何故なら、「愛と真」を発するためには「身魂磨き」が深化して「霊主体従」の状態に返っていなければならないからである。

その上で大事なことは、そのことが分かるのは自分ではなく、言葉をかけられた相手、、であるということだ。「愛と真」が相手に伝わらなければ何の意味もないからだ。

もう一つ、「**マコトの言葉は一言で万語を伝え得る**」（第十九帖）とあるが、これもまた「霊主体従」の神人でなければ成し得ないことである。「体主霊従」の者なら誤解または曲解するのがオチであるだろうし、或いは自分にとって都合のよいように解釈するはずだ。

我々の人間世界において、言葉に厳密な意味や定義が必要とされているのは。それこそ誤解や曲解を防ぐためであろうが、要するにその根底には「体主霊従（＝我れ善し）」があるからなのだ。つまり今の人間社会では「一語では一語以下しか伝えられない」のである。

本文にも書いたが、どこの国の政治家たちも対立する派閥や勢力の「失言」や「言葉尻」を捉えてこき下ろすのが特技のようである。これに付け加えるとすれば、勿論、マスメディアも同様である。否、こちらの方がもっとタチが悪いかも知れない。何しろマスメディアは「言葉狩り」が特技のようであるし、それをアッという間に世界中に拡散するテレビや新聞、インターネットなど超強力な武器を持っているのだから。

今一度言いたい。「マコトの言葉は一言で万語（万意）を伝え得る」ものだと。それに対して、人間の言葉は「一語では一語以下しか伝えられない」のである。一体全体、何という違いであろうか？

〈第二十四帖が「欠帖」となっている件について〉

「星座之巻」では第二十四帖が「欠帖」となっていることは本文でも述べた通りである。日月神示全訳本をお持ちの読者は直接確認して頂きたいのだが、五十黙示録第三巻「星座之巻」第二十三帖の次が「第二十五帖」になっている。つまり「第二十四帖」が飛んでいるのだ。

ここで不思議に思うのは、第二十四帖が「欠帖」ならば、第二十五帖を繰り上げて「第二十四帖」にすればよいのではないか？　ということだ。わざわざ帖の順番を「飛ばす」必要がどこにあるか？　という疑問である。事情を知らない者がこのページを見れば、間違いなく「編集ミス」と思うことだろう。

しかし、これにはチャンとした理由があるのだ。そしてそれは、次の帖文に大きなヒントが書かれている。既に登場（考察）済みのものだが、もう一度じっくりと読んで頂きたい。

この巻、扶桑の巻、続く六の巻を合わせて七の巻、一百四十四帖の黙示を五十《いせ》黙示《もくじ》と申せよ。

（五十黙示録第一巻「扶桑《ふそう》之巻」第一帖）

この帖文は五十黙示録の初発の帖の一部であるが、お分かりのようにここには五十黙示録の全体構成が書かれている。「**合わせて七の巻**」と「**一百四十四帖の黙示**」というのがそのことである。

つまり五十黙示録は「全七巻、１４４の帖」からなると神が最初に宣言しているのである。

このことは、五十黙示録に含まれる帖の数（と内容）が予め神によって決められていることを意味している。

であるから、五十黙示録全七巻に降ろされている帖数を合計すれば、当然「１４４の帖」になるはずなのだが、実際には「１４３の帖」しかないのである。しかもこの数は正規の巻以外に補巻「紫金《しきん》之巻」に収められた14の帖を含んだ数なのである。

このことはつまり、神が最初に宣言した「七つの巻、１４４の帖」が、実際には「七つの巻と一つの補巻、１４３の帖」に構成が変わったことになる。何故このようになったのかその理由は示されていない。何らかの状況の変化があったとしか言いようがないところだ。

何れにしろ、帖数が「１４４」から「１４３」に減じられたのは事実であるから、最初の宣言（１４４の帖）と齟齬《そご》を生じさせないためには、「星座之巻」第二十四帖が「欠帖」になっていることを明示しなければならないことになるのだ。

つまりこれが第二十三帖から第二十五帖へと、番号が一つ「飛んでいる」ことの理由なのである。編集上のミスなどではない。

〈第三巻「星座之巻」あとがき　了〉

内記正時　ないき まさとき
昭和二十五年生、岩手県出身。祖父、父とも神職の家系にて幼少期を過ごす。昭和四十年、陸上自衛隊に入隊。以来40年間、パイロット等として防人の任にあたる傍ら、50回以上の災害派遣任務を完遂。平成十七年、２等陸佐にて定年退官。
平成三年、日月神示と出合い衝撃を受けるとともに、日本と日本人の使命を直感、妻と共に二人三脚の求道、修道に入る。導かれるままに、百を超える全国の神社・聖地等を巡り、神業に奉仕する。現在は、神職、古神道研究家として、日月神示の研究・研鑽にあたる。
主な著書に『ときあかし版［完訳］日月神示』『奥義編［日月神示］神一厘のすべて』『秘義編［日月神示］神仕組のすべて』（いずれもヒカルランド）などがある。

岡本天明　おかもと てんめい
明治三十年（一八九七）十二月四日、岡山県倉敷市玉島に生まれる。

青年時代は、名古屋新聞、大正日々新聞、東京毎夕新聞などで新聞記者生活を送る。また太平洋画会に学び、昭和十六年（一九四一）、日本俳画院の創設に参加。

米国、南米、イスラエル、東京、大阪、名古屋などで個展を開催。

『俳画講義録』その他の著書があり、昭和二十年（一九四五）頃から日本古神道の研究を始め、『古事記数霊解』及び『霊現交流とサニワ秘伝』などの著書がある。

晩年は三重県菰野《こもの》町鈴鹿山中に居を移し、画家として生活していた。

昭和三十八年（一九六三）四月七日没す。満六十五歳。

岩戸開き ときあかし❸
日月神示の奥義【五十黙示録】第三巻「星座之巻」（全二十四帖）

第一刷 2023年6月30日

解説 内記正時
原著 岡本天明

発行人 石井健資
発行所 株式会社ヒカルランド
〒162-0821 東京都新宿区津久戸町3-11 TH1ビル6F
電話 03-6265-0852 ファックス 03-6265-0853
http://www.hikaruland.co.jp info@hikaruland.co.jp
振替 00180-8-496587

本文・カバー・製本 中央精版印刷株式会社
DTP 株式会社キャップス
編集担当 TakeCO

ISBN978-4-86742-243-4

ヒカルランド　好評既刊＆近刊予告！

地上の星☆ヒカルランド　銀河より届く愛と叡智の宅配便

岩戸開き　ときあかし❶
日月神示の奥義【五十黙示録】
第一巻「扶桑之巻」全十五帖
解説：内記正時
原著：岡本天明
四六ソフト　本体2,000円+税

岩戸開き　ときあかし❷
日月神示の奥義【五十黙示録】
第二巻「碧玉之巻」全十九帖
解説：内記正時
原著：岡本天明
四六ソフト　本体2,000円+税

岩戸開き　ときあかし❹
日月神示の奥義【五十黙示録】
第四巻「龍音之巻」全十九帖
解説：内記正時
原著：岡本天明
四六ソフト　予価2,000円+税

岩戸開き　ときあかし❺
日月神示の奥義【五十黙示録】
第五巻「極め之巻」全二十帖
解説：内記正時
原著：岡本天明
四六ソフト　予価2,000円+税

ヒカルランド　好評既刊＆近刊予告！

地上の星☆ヒカルランド　銀河より届く愛と叡智の宅配便

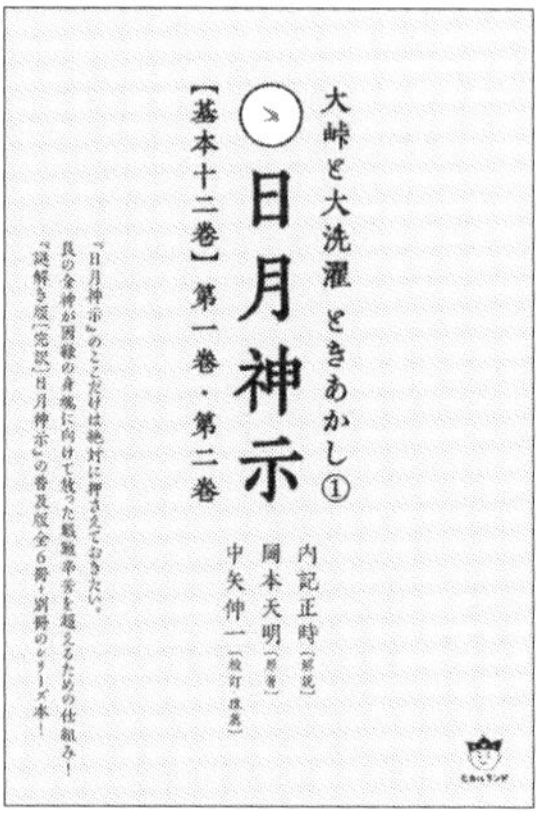

大峠と大洗濯　ときあかし①
⦿日月神示【基本十二巻】
第一巻・第二巻
解説：内記正時／原著：岡本天明／
校訂・推薦：中矢伸一
四六ソフト　本体2,000円+税

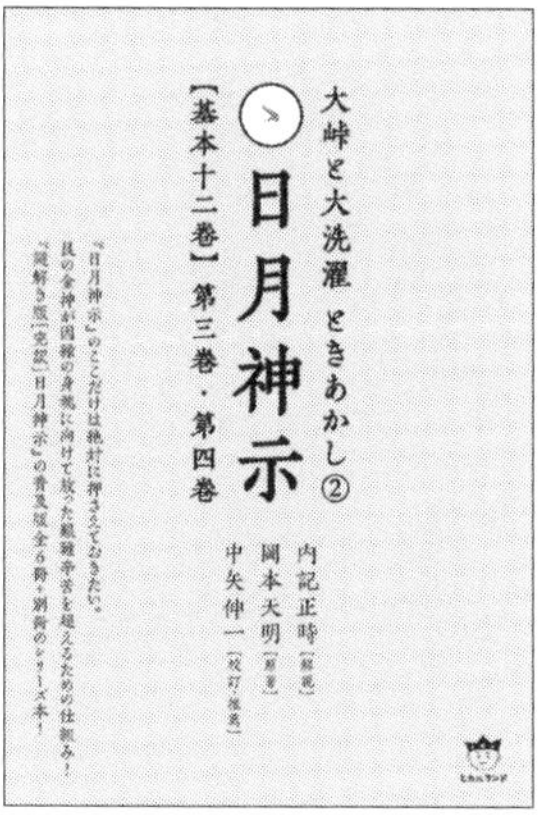

大峠と大洗濯　ときあかし②
⦿日月神示【基本十二巻】
第三巻・第四巻
解説：内記正時／原著：岡本天明／
校訂・推薦：中矢伸一
四六ソフト　本体2,000円+税

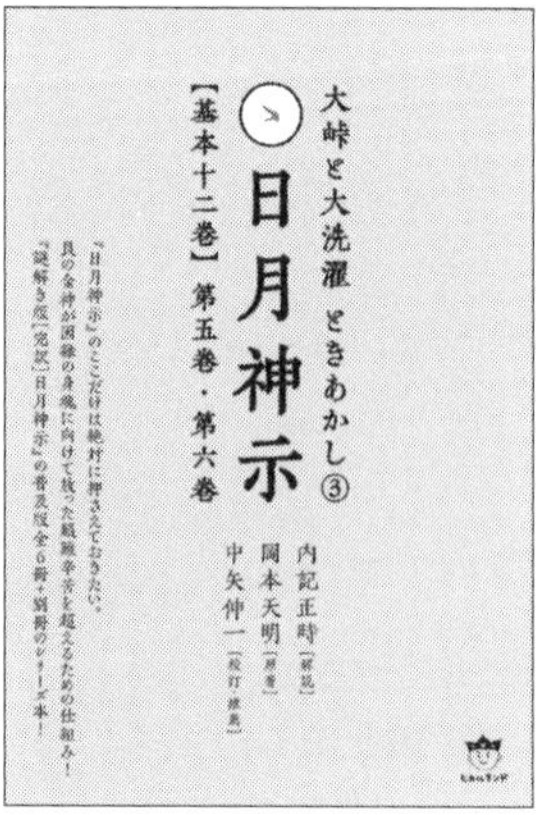

大峠と大洗濯　ときあかし③
⦿日月神示【基本十二巻】
第五巻・第六巻
解説：内記正時／原著：岡本天明／
校訂・推薦：中矢伸一
四六ソフト　本体2,000円+税

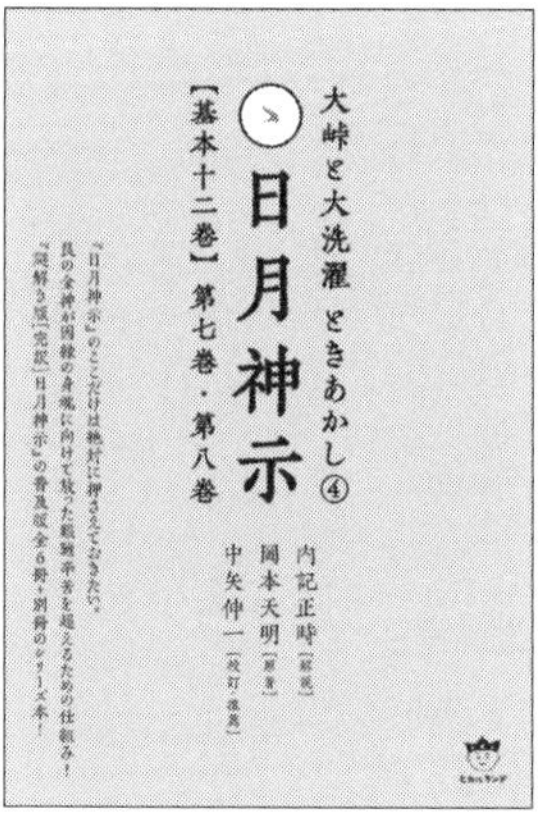

大峠と大洗濯　ときあかし④
⦿日月神示【基本十二巻】
第七巻・第八巻
解説：内記正時／原著：岡本天明／
校訂・推薦：中矢伸一
四六ソフト　予価2,000円+税

ヒカルランド　近刊予告！

地上の星☆ヒカルランド　銀河より届く愛と叡智の宅配便

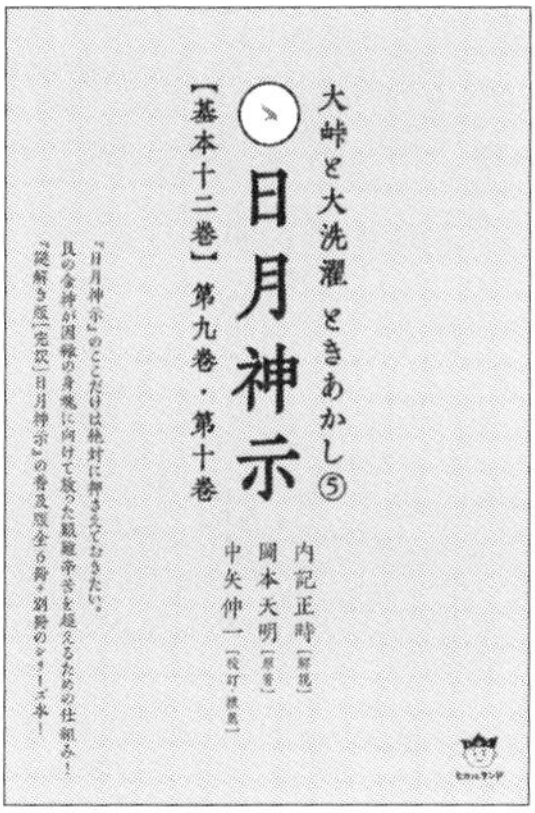

大峠と大洗濯　ときあかし⑤
日月神示【基本十二巻】
第九巻・第十巻
解説：内記正時／原著：岡本天明／
校訂・推薦：中矢伸一
四六ソフト　予価2,000円+税

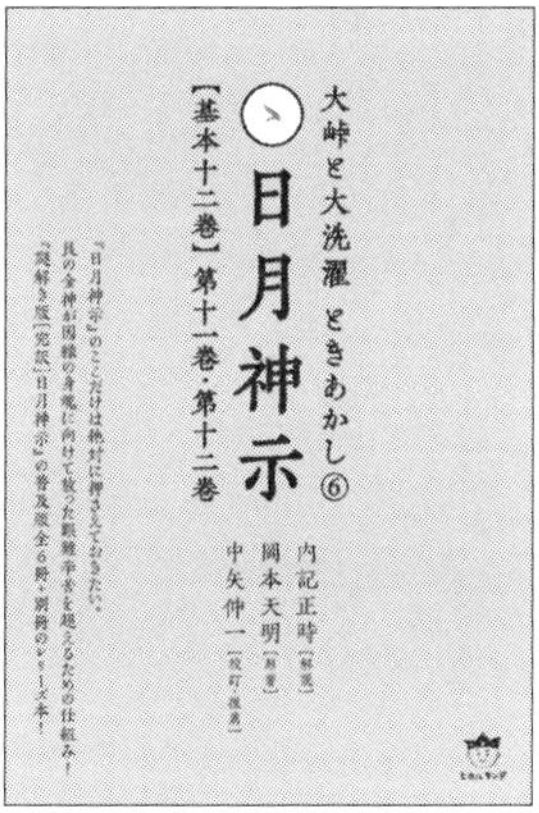

大峠と大洗濯　ときあかし⑥
日月神示【基本十二巻】
第十一巻・第十二巻
解説：内記正時／原著：岡本天明／
校訂・推薦：中矢伸一
四六ソフト　予価2,000円+税

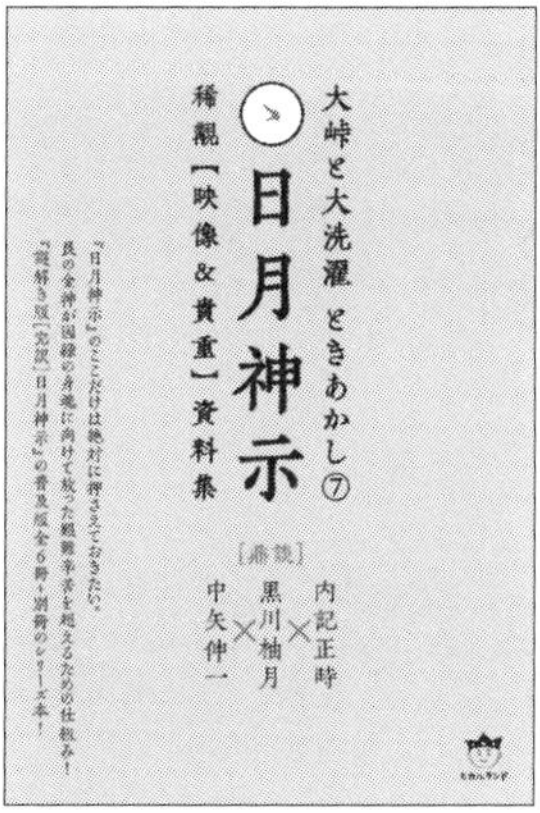

大峠と大洗濯　ときあかし⑦
日月神示【基本十二巻】
稀覯【映像&貴重】資料集
内記正時×黒川柚月×中矢伸一
四六ソフト　予価2,000円+税